꿈-남한산성 100처處 100시詩

꿈-남한산성 100처處 100시詩

홍찬선 제7시집

문화발전소

시인의 말

꿈—남한산성 100처處 100시詩를 내며

 남한산성은 아주 커다란 공입니다. 무한한 상상력 덩어리입니다. 어느 쪽에서 보느냐에 따라 다른 모습을 보여줍니다. 어떤 눈으로 보느냐에 따라 전혀 다른 세계가 펼쳐집니다. 21세기를 준비하는 우리들에게 많은 것을 생각하게 합니다. 세계를 이끌어 갈 문화강국을 만드는 우리들에게 엄청난 아이디어를 제공합니다.

 남한산성은 그동안 '병자호란 프레임'에 갇혀 있었습니다. 인조가 청 태종의 침입을 이겨내지 못하고 삼전도에서 삼배구고두三拜九叩頭(세 번 절하고 아홉 번 머리를 땅에 두드리는 것)를 했다는 치욕의 장으로만 여겨왔습니다. 우리의 찬란했던 반만 년 역사를 '실패한 역사'로 만들기 위한 '식민사학 프레임', 일제가 만들어놓은 어두운 그림자가 우리의 잠재의식은 물론 참 정신마저 지배하고 있습니다. 참으로 통탄해마지 않을 수 없는 일입니다.

 '병자호란 프레임'과 '식민사학 프레임'이 우리의 눈과 귀와 발을 행궁을 비롯한 남한산성 성벽 안쪽으로만 얽어매고 있습니다. 하지만 남한산성의 세계는 그게 다가 아닙니다. 훨씬 넓고 깊습니다. 성벽 안의 땅 속과 성벽 밖의 가파른 등산로를 가슴으로 밟아보십시오. 우리가 알고 있는 지식 가운데 많은 것이 잘못돼 있다는 것을 금세 깨닫게 됩니다.
  서울 석촌동과 방이동에 남아 있는 거대한 적석총과 고분들, 경기 하남시의 이성산성과 춘궁동에서 자기들의 절규를 들어달라고 호소하는 동사지 삼층, 오층석탑과 교산동 마애약사여래좌상, 행궁 터에서 발견된 조선시대 기와보다 훨씬 큰 기와로 지어진 신라시대 건물 등…. 지금까지 억지로 감추고, 보고도 보지 않으려 했던 수많은 유물과 유적들이 우리들의 건전한 상상력을 기다리고 있습니다.

  역사는 문자 기록으로만 전해지지 않습니다. 역사는 유물과 전설로도 이어집니다. 우리는 그동안 일제에 의해 파괴되고 왜곡된 기록으로만, 우리 역사를 본 사람들에게, 잘못된 역사를 배웠고, 아직도 배우고 있습니다. 그런 비정상은 하루 빨리 정상화돼야 합니다. 일제 식민프레임에 갇힌 역사우울증에서 벗어나는 것이 21세기 문화강국으로 우뚝 서기 위한 필수불가결한 과제입니다.

  『꿈-남한산성 100처處 100시詩』는 김내동 남사모(남한산성을 사랑하는 모임) 회장의 아이디어와 적극적인 성원에 힘입어 나올 수 있었습니다. 남사모에서 매월 마지막 주 일요일 새벽에 강희갑 사진작가와 함께 하는 '남한산성 희망일출' 모임을 하고 있습니다. 해돋이를 보면서 남한산성의 의미를 되새기고 뜻있는 삶을 살자고 다짐합니다. 그 자리에서 김 회장께서 '남한산성 100처 100시' 아이디어를 주셨습니다. 인연은 우연스럽게 맺어지고 역사는 필연적으로 만들어진다는 것을 다시 한 번 더 깊게 느꼈습니다.

  2020년 경자년 봄은 코비드19(신종코로나바이러스 감염증)로 인해 도둑맞았습니다. 감염확산을 막기 위한 '사회적 거리두기' 등으로 인해 사람이 많이 만나는 것 자체가 취소되고 연기됐습니다. 혼자 집에서만 지내다 보니 문득 우울증 증세가 나타날 조짐이 보였습니다. 몸이 뒤틀리고 맘이 아플 때마다 훌쩍 배낭 메고 떠났습니다. 막걸리 한 잔 하면서 남한산성을 가슴으로 알기 위해 구석구석 찾아다녔습니다. 남한산성 100처處 100시詩는 '코비드19 우울증'을 이겨내는 확실한 치료제였습니다.

  남한산성은 역사우울증을 이겨내고 역사긍정주의로 역사를 재구성하는 아주 좋은 터입니다. 눈 밝고 귀 맑고 가슴 따뜻하게 열린 사람들이 힘을 함께 하면 머지않아 그런 일이 이루어질 것으로 믿습니다. 이제『꿈-남한산성 100처處 100시詩』로 첫발을 떼었습니다. 남한산성을 21세기 문화강국을 만들어 가는 블랙박스로 삼아 즐거운 탐색여행을 계속해 나가겠습니다. 여행이 언제까지 이어질지, 여행에서 무엇을 만날지, 여행의 끝을 어떻게 맞이할지, 모든 것이 열려 있습니다. 여러분의 많은 가르침과 질정叱正과 격려가 필요합니다. 부탁드립니다. 감사합니다.

        4353년 경자庚子년 여름 서는 입하立夏 날
    큰 고개 우거寓居에서
  덕산德山

목차

시인의 말 ——— 5
〈서시〉 꿈 ——— 14

1장 仁·東·復

남한산성 ——— 18
해돋이 ——— 21
설연화雪蓮花 ——— 22
봄비 ——— 23
노루귀 ——— 24
숲 ——— 25
봄바람 ——— 26
별꽃 ——— 27
영춘寧春 ——— 28
남한산에서 ——— 29
봉암성 ——— 30
한봉성 ——— 32
벌봉 ——— 34
벌봉 약수터 ——— 36
장경사 ——— 37
신지옹성信地甕城 ——— 38
송암정 ——— 39
1암문 ——— 40
시구문 ——— 41
검단산黔丹山 ——— 42
의안대군묘에서 ——— 44

냉천약수터 —— 46
봄타령 —— 47
도둑맞은 봄 —— 48

2장 義 · 西 · 蠱

수어장대 —— 50
토지측량삼각점 —— 51
청량당 —— 52
철송哲松 —— 54
연주봉 —— 55
물안개 —— 56
연주봉 해돋이 —— 57
단풍 —— 58
유혹 —— 59
그믐달 —— 60
국청사 참새 —— 62
법수봉 —— 63
실 꽃 —— 64
바위의 눈물 —— 66
성남골프장 —— 67
우익문에서 —— 68
삼전도비 —— 70
석촌동 적석총 —— 72

3장 禮·南·觀

남1옹성에서 —— 76
남3옹성 —— 78
지화문至和門 —— 79
시내 —— 80
불망비 —— 81
영춘정 가며 —— 82
영춘정迎春亭 —— 83
삼추남 —— 84
신익희 생가에서 —— 85
허난설헌묘에서 —— 86
남한산성 가는 길 —— 88
연리지 —— 89
이배재 —— 90
별빛 —— 91
오! 생명 —— 92
진달래꽃 —— 93
지송知松 —— 94
신남성 —— 95
남1옹성 달래 —— 96
삼일절 연날리기 —— 97

4장 智·北·隨

전승문全勝門 ——— 100

1군포軍鋪터 ——— 102

돌탑 ——— 103

오! 천사 ——— 104

매탄터 ——— 106

유리산누에나방고치 ——— 107

금암산 범바위 ——— 108

동사桐寺지 삼층, 오층석탑 ——— 110

이성산성 ——— 112

딱따구리 독경 ——— 113

선법사 마애약사여래좌상 ——— 114

온조대왕 샘 ——— 116

객산 ——— 117

법화사지法華寺址 ——— 118

무덤 ——— 120

성가퀴, 여장女墻 ——— 121

세미고개 꿩의바람꽃 ——— 122

5장 信·中·臨

벽과 문 ——— 126
남한산성 비석군 ——— 127
한강방어총사령부 ——— 128
만해기념관 ——— 130
남한산성 득도송 ——— 132
만해卍萬를 위하여 ——— 133
벽암 각성대사 ——— 134
숭렬전 ——— 136
현절사 ——— 138
중용中庸 ——— 139
연무관 ——— 140
침괘정 ——— 142
우물 ——— 143
대한독립만세운동 ——— 144
벗 구름 ——— 146
행궁 ——— 148
정명수를 위한 변명 ——— 150
난공불락 남한산성 ——— 152
기둥 ——— 154

〈종시〉 몽촌토성에서 ——— 156

평설
100편의 시가 펼치는 남한산성의 역사와
풍광의 파노라마
심상운(시인, 문학평론가) ——— 159

서시

꿈

남한산성에서 꿈을 꾼다
이천 년 넘게 잠들어 있는
그 사람들 어떻게 살았는지
알아보려 오염된 기록 넘어
생생한 삶 찾아 나선다

남한산성에서 꿈을 본다
물처럼 구름처럼 바람처럼
쉬지 않고 흘러가는 시간 공격에
가물가물해지는 진리 맞으러
물집 잡힌 발로 꿈 가꾼다

남한산성에서 꿈 키운다
병자호란 이후 강요되고 있는
역사우울증 말끔히 씻어내는 꿈
눈에 보이지 않는 것 밝게 보는 꿈
해돋이에 솟고 해넘이에 익는 꿈

잠들어야 꿈을 보고
잠 깨 일어나야 꿈을 꾼다
인조가 온조에게 회초리 맞는 꿈
배달이 21세기 문화강국 우뚝 서는 꿈
남한산성에서 꿈꾸고 그 꿈 현실 된다

1장
仁·東·復

남한산성

조국이 하루하루 흔들릴 때마다
머리 들어 남한산성을 바라보고
두 발 내딛어 수어장대에 올라라

이곳은 길고 밝고 고르게 비추이
배달겨레 피눈물 닦아주는 곳
하늘 처음 열리고 땅에 생명 생겨나
우리 조상들 꽃과 나무와 동물들
함께 어울려 살던 그때부터

온조대왕 위례성에 터 잡아
영장산까지 휘달려 사냥하고
김유신 장군 주장성 높게 쌓아
당나라 군대 저 멀리 만주로 몰아낸
아름다운 역사 차곡차곡 쌓은 이곳

한봉에 해 오르면 새 싹 퐁퐁 돋아나고
청량산에 달 뜨면 새 꿈 솔솔 피어나고
천주봉에 님 비치면 그 분 말 타고 오고
연주봉에 별 속삭이면 모두 함께 하나 되고

있을 것 모두 갖춰 배 두드리며 살던 이곳

병자년 호풍에도 임금 자리만 지킬 수 있다면
국토 빼앗겨도, 형제 아들 포로 보내도,
딸과 부인 화냥년 돼도, 백성들 배 굶주려도
다 괜찮다는 비겁, 무책임, 역사에 대한 반역
깨지고 무너진 성벽, 하나하나 기억하고 있다

칼바람 지나면 들꽃 흐드러지게 피어나고
산새들 축가 들으며 햇볕 땅속에 저장하고
국청사 염불소리에 천사 맞는 눈보라
그날의 치욕, 소나무에 빼곡하게 새겨놓았다

그날의 죽음 헛되지 않아
그날의 기억 들불처럼 살아
망나니 큰 도적, 조선 삼키려 할 때
을미 정미 의병 깃발 드높이 올렸다

그 얼 이어받은 남한산성
3.1대한독립만세 힘차게 외쳤다

그 얼 이어받아 유네스코 세계문화유산 울렸다

남한산성은 편 가르기 질책하는 배움 터
상상력 뿜어내 문화대국 창조하는 부활의 생명
이천 년 성벽에, 21세기 내한 살길 꼼꼼히 새긴다

해돋이

날마다 발간 해 떠오르지만
남한산성 돋을볕 아침마다 눈부시지만
그가 맞는 동살[1] 햇귀[2] 그때마다 다르다

달마다 마지막 주 일요일
하늘 땅 열리고 사람 기지개 켜는 순간
새벽을 달려 벌봉 연주봉 신지옹성 오른
사람, 사람, 사람들 가슴, 가슴에, 가슴 이어
새 나라 밝히는 희망 꿈 꽃 아이처럼 핀다

그것은 그날 스러진 얼 달래는 진혼곡
그것은 그날 일어선 넋 기리는 찬백송
그것은 그날 다가올 이 받드는 영춘가
그것은 함께 살아갈 터 이루는 용솟음

한 번 솟은 해 작품이 되고
한 번 뻗친 해 역사 만들고
한 번 펼친 해 사랑 영근다

[1])해돋이 전 동 트면서 푸르스름하게 비치는 빛줄기.
[2])해가 떠서 처음으로 비추는 햇살, 돋을볕이라고도 한다.

설연화雪蓮花[3]

이른 봄에 피는 꽃은
꽃샘추위 이겨내고 꽃망울
방끗 터뜨리는 봄꽃은
철학자다 차디찬 눈
무겁고 단단한 흙넝이
차마 떨쳐내고 가까스로
바람에 온 몸 맡긴다

앙증맞게 향기 없이
피는 봄꽃은 선각자다
나뭇잎 돋아나기 앞서
벌 나비 깨 일어나기 앞서
흔들리고 흔들리며 핀다
영원한 행복 나눠주려
추억 먹고 얼음 꽃으로 핀다

[3] 이른 봄 눈 속에 노랗게 피는 꽃. 얼음꽃 얼음새꽃 원일초라고도 한다. 복수초福壽草 일본에서 붙인 한자이름을 음만 한글로
표기한 것이라서 설연화 또는 얼음꽃이라고 부르는 게 좋겠다.
홍찬선, 〈214 설연화〉, 『품—와글와글 홍가네 스토리』, 421쪽에
실린 것을 옮겼다.

봄비

봄비는 숫총각
잔뜩 빨개진 볼로
말 한 마디 못하고
소리 없이 내린다

얼음 녹이는 봄비는
새침 떼기 첫사랑
가슴앓이 못 본 체 하다
저 혼자 눈물로 젖는다

겨울과 여름 사이
틈 이어주는 봄비는
따듯한 엄마의 품
딱딱한 껍질 깨고 나와
새 생명 키운다

노루귀[4]

그냥 스칠 뻔 했다
자세히 봐야 슬그머니
못이기는 척 하며 눈에 들어온다

겨우내 숨죽이고 참은 인내
눈 헤치며 산비탈 양지에서
봄 왔다고 미리 알려주는 너
봄이 언제 오느냐고 보채고
봄 오지 않는다 투덜대지 않는 너

남한산성 좌익문 옆 시구문 나가
졸졸졸 시냇물 소리에 얼 뺏겼다
바스락거리는 낙엽 사이로 문득
외로운 듯 수줍은 듯 인사하듯

문득 고개 들어 웃는 너
봄은 구들에서 뒹굴뒹굴 기다리지 않고
들에서 산에서 찾는 것이라고 속삭이는 너

[4] 4353년 3월15일, 코비드19를 떨쳐내려 찾아간 남한산성 동문 옆 시구문 밖에서 귀한 노루귀를 만났다. 노루귀는 '눈을 녹이며 피는 꽃'이라는 뜻에서 파설화破雪花로 불린다. 꽃말은 인내, 수줍음이다.

숲

멀리서 보면 아직도 겨울이다
지난 가을에 잎사귀 떨군 가지
아늑하다 조용하다 평화롭다
아무런 움직임도 없다 그냥 있다
숲은 하나의 터로 존재한다

가까이 다가가면 보인다
씨앗에서 막 돋아난 새싹
봄바람에 수줍은 웃음 짓는 들꽃
짝짓기 하느라 세레나데 부르는 산새
저 높은 곳까지 물 올리려 기 쓰는 물관

숲 속은 왁자지껄하다
밖에서는 그 속사정 다 알지 못한다
지금 여기서 몸으로 겪는 게 존재다
나는 하루하루 나만으로 사는 생명이다
밖에 비친 숲에는 새싹 들꽃 산새 물관이 없다

봄바람

솔솔 부는 봄바람
솔밭에서 분다
겨울 잠 깨어난 꽃
소곤소곤 속삭이듯
솔솔솔 분다

참참 부는 봄바람
참나무 숲에서 분다
봄 기지개 켜는 싹
늘어지게 키 크는 듯
참참참 분다

휙휙 부는 봄바람
마루금에서 분다
성미 급한 싹과 꽃
기다림 가르치려는 듯
휙휙휙 사납게 분다

바람은 바람은 맛이 다르다
겨울은 절대로 봄 못 이기듯
가위 바위 보 돌아가며 서로 이기듯
바람 바람 바람엔 사랑 꽃 핀다
봄바람 맛 아는 건 삶을 아는 것

별꽃

별처럼 동그랗게 발걸음 잡는 너는
이른 봄 길가 틈에 하얀 천사 되었구나
열 꽃잎 짝을 이루어 열어젖힌 하늘 뜻

봄 맞아 앙증맞게 마음 홀린 추억인 듯
일백일 채우고서 여름에게 넘겨준다
새순은 보릿고개를 함께 넘은 다정 벗

수수히 건넨 미소 어머니의 숨결일까
노랗게 퍼진 수술 하얀 암술 조화롭게
세월을 반백년 전에 되돌려 논 마법 꽃

영춘寧春

春來覺左翼 춘래각좌익5)

病毒讓千花 병독양천화

民慮百誠克 민려백성극

萬心樂滿和 만심락만화

봄이 와 남한산성 동문 깨우니

코비드19 온갖 봄꽃에 양보하네

백성들 걱정 지극정성으로 이겨내

모든 사람들 즐겨 화합 가득 채우네

5) 왼쪽에서 돕는다는 뜻. 남한산성 동문 이름이 좌익문左翼門이다.

남한산에서[6]

남한산이 운다
잠실벌 휘달리고 청량산 거침없이 뛰어 넘은
호풍胡風, 잎사귀 모두 떨어낸 나뭇가지 두드려
동남쪽에서 다가오는 봄 막아내지 못하는 것
스스로의 힘으로 어쩔 수 없는 것 하소연하듯

남한산이 휘잉 운다
예봉산 팔당대교 아래로 멈춘 듯 소리 죽여
흐르는 한가람, 지켜보는 검단산 용마산 너머
용문산까지 한 눈에 바라보면서 함께 못한 것
그날의 아픔 풀어주지 못한 것 뉘우치려는 듯

남한산이 휘이잉 흐느낀다
이름마저 잃어버린 무관심이 서운한 듯
파란 하늘 산책하는 흰 구름 부러운 듯
코비드19에 주눅 든 사람 안타까워하는
그날 스러져간 병사들의 채찍질 넋인 듯

6) 남한산성에 남한산(522m, 남한봉이 맞다는 설명도 있음) 있다는 것 아는 사람이 많지 않다. 4353년 3월15일 찾은 남한산에 바람이 거세게 불었다. 휘잉 휘이잉 우는 남한산에서 그날 쓰러져간 병사들의 울음을 들었다.

봉암성 蜂巖城 7)

그대 남한산성의,
세계문화유산의 참모습
보고 싶다면 봉암성으로 가라

그대 봉암성이
어디 있는지 모른다면
동장대 옆 12암문 찾아라

그대 봉암성에
왜 가야 하는지 궁금하면
그저 말없이 가서 느껴라

굳세게 서 있다 지쳤는지
여기저기 허물어진 성벽
거의 찾아보기 어려운 여장 女墻
옛 모습 그대로에 진실이 있다

봉암성 동쪽 끝 별 바위 봉우리
올라 수어장대 바로 아래 바라보라
무엇이 보이는가, 행궁을 찾았는가

병자호란 때 이곳 점령한 청 태종

행궁 향해 홍이포 마구 쏘았다

벌봉 가치 뒤늦게 안 숙종

50년 뒤 2120m 봉암성 쌓았다

7)한봉성 신남성과 함께 남한산성의 외성 가운데 하나.
숙종12년(1686)에 새로 쌓았다. 병자호란 때 청 태종이
수어장대보다 높은 벌봉을 점령해 행궁을 향해
홍이포紅夷砲를 쏜 것에 대한 반성이었다.

한봉성 汗峰城 [8]

봄이 오는 길목에
오는 봄 맞으러 길 나선다

코로나19 두려움 온몸으로 떨치고
남한산성 발갛게 달구는 정월 그믐날 햇귀
꽃샘추위 부드럽게 달래 물리치듯

자연은 우리의 스승
과거는 현재에서 미래 창조하는 배움터
어리석은 아이 큰 사고 치지 않도록
때 제대로 알려 길 나선다

여기는 그날 그 치욕
하늘도 울고 땅도 흐느꼈던 곳
세월의 도전 이겨내지 못한 성벽들
게으른 사람 사랑바람으로 맞는다

틈이 없다는 핑계 대지 말고
결을 느껴보라고 보듬는다
바이러스 탓 하지 말라고 한다

저절로 오는 봄 한 발 앞서 만나려

샛별과 눈인사 하며 길 나선다

8)남한산성 외성 가운데 하나. 병자호란 때 청에게 한봉을 점령당해 청 태종이 이곳에 주둔하고 행궁에 포격을 가했다고 전해지고 있다.

벌봉 蜂峰[9]

암문 밖에서 바라보면
봉우리가 벌집 같다고 해서
벌봉, 봉봉蜂峰으로 불린다
그 말 믿고 나가 보니
봉우리 제대로 볼 수 없다

네가 보여주지 않는 건
그날 호병胡兵에 빼앗긴
부끄럼 감추려고 하는 걸까
짐짓 모른 체 하고 올라 보니
벌봉이란 이름 얻은 사연 알겠다

큰 바위가 그대로 봉우리인 너
위는 새끼 벌 품고 있는 듯
봉 봉 봉 돋은 모습 닮았고
피부는 시멘트 버무린 자갈인 듯
부근에서 보기 어려운 자태다

큰 칼로 내리친 상처인 듯
두 동강 네 동강 잘린 채 붙어

그날의 아픔 보듬으며 틈새에

소나무 바람 힘으로 키우고 있다

그날을 잊지 말라고 전하고 있다

9)병자호란 때 벌봉을 청군에 빼앗겼다. 청 태종은
창덕궁에 남아 있던 홍이포를 벌봉으로 끌고와 행궁을 향해
발포함으로써 남한산성 방어에 어려움을 겪었다.

벌봉 약수터[10]

벌봉에 사는 토끼 사~알~짝
물 마시러 잠깨러 오는 곳인지

그날 그분들, 손바닥 닮은 땅
땀으로 일궈 삶 꾸렸을 모퉁이에
작은 샘 하나 이야기 담듯 퐁퐁 솟는다

하늘도 구름도
낯선 얼굴마저도
보여주지 않아 삐졌는지
빼꼼히 들여다보고 그냥 가다

졸졸졸 꼬임에 다시 돌아와
바가지 한 모금
맑게 마신 물

꽈~악 찬 믿음으로
지친 발걸음 깡충깡충 띈다

---

10) 벌봉에서 고골계곡으로 내려오면 채소를 가꾸는 밭이 나온다.
이곳이 동림사가 있던 터. 밭 가운데쯤에 자그마한 약수터가 있다.
살아 있는 물이라 달콤하고 힘을 북돋아준다.
이 약수터에서 솟는 물이 하남시를 관통해 흐르는
덕풍천의 발원지다.

장경사[11]

이름은
그 주인 주인답게 만들어
그 이름 값 톡톡히 남긴다

장경사 그대는
경사로움 길게 이어진다는 이름답게
남한산성 아홉 개 절 가운데 그대만이
홀로 살아남아 그날의 함성과 한과 교훈
잊어서는 안된다, 몸으로 절규하고 있구나

하루 한 때도 쉬지 않고 흐르는 수레 하늘
잠시 한 순간도 게으름 없이 이어받는 땅
하늘과 땅 사귐 본받아 누리 으뜸 된 사람
한데 어울려 어둠 사른다, 장경사 그대는

봄 여름 가을 겨울 없이
오는 사람 오고 가는 사람 가는 새
해와 달 한 손에 잡아 떳떳함 지니었구나

---

11) 인조 때인 1624년, 남한산성을 쌓을 때 전국 8도 승군僧軍을 동원했다. 승군의 숙식을 위해 장경長慶 망월望月 옥정玉井 개원開元 한흥漢興 국청國淸 천주天柱 동림東林 남단南壇 등 9개 사찰을 지었다. 그 가운에 장경사만이 오늘날까지 남아 있다.

신지옹성 信地甕城

종종종 몸달수록
총총총 기다릴수록
즐거움 듬뿍 커진다

경사로움 길게 이어시는 절
가파른 길 샛별 벗 삼아 걷노라면
믿음 저절로 솔솔 피어나는 땅에
북두칠성 아쉬운 이별가 보내고
아슴푸레한 동살 햇귀에 양보할 때

활과 총 쏘던 총안 뚫고
마술 같은 해 꽃 눈 결 따라
살 되어 가슴에 꽂힌다
코로나19 몌에 깨끗이 소독하듯

일렁일렁 익어가는
새색시 부끄러운 볼연지
어둠 걷어내고 새 아침 활짝 연다

송암정[12]

가파른 바위 위에 소나무 우뚝 솟아
밝은 달 기다리다 고운 님 만난 회포
대부송 벼슬 얻은 덕 말라 죽어 갚았나

황진이 금강 나와 금수강산 유람하다
병자년 호란 속에 떠난 영혼 달래고자
주장성 솔 바위 정자 더럽힌 술 닦았나

깊은 뜻 깨친 그님 절벽에 몸을 날려
얼빠진 양반 한량 정수리를 두드리고
명월 뜬 밤마다 와서 바른 정치 꾸짖나

[12] 바위에 난 소나무가 우산 닮은 정자 같다고 해서 붙여진 이름. 장경사에서 신지옹성 쪽으로 가파른 성벽을 타고 가다보면 낭떠러지 절벽에 송암정 터가 나온다. 황진이와 얽힌 전설이 있고, 정조가 여주 능행길에 대부 벼슬을 내린 대부송大夫松이 말라 죽은 모습을 볼 수 있다. 갑자기 죽은 정조의 은혜를 갚으려 따라 죽었나 보다….

1암문

중요한 것은 보이지 않는다
성 안과 밖을 보이지 않게 이어주는
숨겨진 문, 암문暗門도 눈에 띄지 않는다
먼데서 보면 그냥 성벽일 뿐,
암문은 살림 키우는 생명의 문이다

남한산성 장경사 주차장 옆에
안과 밖에서 모두 잘 보이지 않는
1암문 있다 16개 암문 가운데 왜
첫째가 됐는지 사연이 궁금하지만
까닭을 말끔히 씻어주는 사람 없다

문 밖으로 조심스레 나서면
사람 다닌 흔적 찾기 어려운
가파른 산비탈에 잡목만 무성하다
한봉성 16암문으로 통한다는 기록 믿고
미끄러지듯 나무 헤치며 내려간다

사나운 개가 야단이다
사람이 산다, 약수 퐁퐁 솟아나니
생명 깃드는 건 당연한 일이다
돌탑 사이로 오르막길 오른다
헉헉대는 가슴, 마지막 암문이 맞이한다

시구문[13]

밖에서 보이지 않게 만든
암문暗門이라기에는 너무 눈에 띄게
폭 2.86미터 높이 4.07m 길이 5.6m
인조, 청 태종에 항복하러 나간
우익右翼문보다도 넓고 높고 깊다

성 안에서 죽은 시신 내보내는
시구屍軀문이라서 그랬을까
신유 기해 병인년의 천주교 박해 때
순교한 300여 명 이 문 밖 계곡에 버리고
가족들도 찾아가지 않았던 비극

산짐승 들짐승 미쳐 날뛰었던 참극
아직도 진한 향기로 남아 있는 비극
잊지 말라고, 잊어서는 안 된다고
증거하기 위해 큼지막하게 남았을까
그날도 흘렀을 골 물, 나 몰라라 졸졸졸

---

13) 남한산성 좌익문左翼門(동문) 옆에 있는 동암문(11암문)이
시구문이다. 남한산성에서 죽은 시신을 내보내는 문,
신유(1801년) 기해(1939년) 병인(1866년) 박해 때 300여명의
순교자들이 시구문 밖 계곡에 버려진 것으로 전해지고 있다.
당시 가족들도 시신을 수습하지 않아 산짐승들이 시신을
훼손했다고 전해진다.

검단산 黔丹山

언젠간 꼭 가보려 했다
남한산성 남한산 꼭대기에서
운길산 예봉산으로 이어지던
뫼 줄기 한가람으로 뚝 자른 뒤
검단산 고추봉 용마산으로 이어지는
남한산성 동쪽 방어벽 되는 그곳

와보니 알겠더라
와서 정상에 서 보니 느끼겠더라
견우와 직녀 한강 건너에서 손짓하고
저 아래 두물머리 너머엔 용문산이 웃고
객산 품고 있는 남한산성의 늠름한 모습
땅 한 치도 내놓지 않겠다는 결연한 다짐

막 피어나려는 진달래보다 더 힘찬
중학생들 가슴 크게 펴고 환히 웃는다
코비드19 놈 때문에 개학하지 못해
방학도 아닌 어정쩡한 시간 이겨내려
임금산 올랐다는 그 곁에서 읽어낸다
시련은 젊은이 세게 담금질한다는 사실

문득 막걸리에 입이 간다
멸치 양파 마늘쫑 발갛게 찍어
거칠어진 숨 다시 거칠어질 숨
달래고 북 돋는다 처음 만나는 얼굴
처음 섞는 말 처음 들이키는 사람 정
듬뿍 담는다 그저 좋은 햇살 녹는다

의안宜安대군묘에서[14]

세자가 무엇이길래
그대는 멋도 모르고
정도전 심효생 남은 등의
신욕臣慾에 휘둘려 열여섯
짧은 삶 비극으로 마쳤소

정情이 무엇이고
권력이 무엇이길래
전장戰場 누비던 그대
자연 질서 무시하고
피비린내 왕자의 난 불렀소

왕의 나라든
신臣의 나라든
그건 너희들의 셈법이건만
그대는 이복동생 죽이고
마음 편히 그곳에 갔소

그대는 무학無學에게
이복동생 유택 잡아주라 하고

왕이 돼 소도^{昭悼}란 시호 내리고

그대 아들은 아들 금성^{錦城}에게

작은 할아버지 대 잇게 했소

14) 의안대군 이방석^{李芳碩}(1382~1398) 묘는 경기도 광주시 남한산성면 엄미리에 있다. 부모는 태조 이성계와 신덕왕후 강씨이며 태종 이방원의 이복동생이다. 태조는 정도전 등의 주장을 받아들여 여덟째 아들인 방석을 세자로 책봉했지만, 셋째 이방원은 1차 왕자의 난(1396)을 일으켜 방석과 그의 형 방번 및 정도전 심효생 남은 등을 살해했다.

냉천약수터[15)]

졸졸졸
싹 부르는 소리

짹짹짹
꽃 맞이하는 노래

검단산 정상 바로 아래
냉천약수터에 피어난다

그 옛날 이곳에서
터 삼았던 사람들

삶의 흔적 은근히 품고
저 먼 한가람 기다리랴

보일 듯 말 듯
손짓하며 미소로 솟는다

부지런한 산 사나이들
사랑으로 수맥水脈 잡았다

15) 경기도 하남시의 검단산黔丹山(657m) 정상 아래에 있는 아주 소박한 약수터. 주위를 둘러보니 아주 옛날에 사람이 살던 흔적이 어렴풋이 보이는 듯 했다. 남한산성 외성 가운데 하나인 신남성이 있는 산 이름도 검단산. 한자도 똑같다. 동명이산同名異山이다.

봄타령

새봄이 언제 오나 설빔부터 보채듯이
개나리 활짝 피고 벚꽃 목련 눈비 범벅
불사춘 코비드일구 꽃샘추위 탓하네

봄에는 봄이 없고 겨울 여름 가득하다
시작은 끝을 안고 마침은 또 처음인데
귀 눈 코 허상에 매여 동동 쫓는 허깨비

봄들에 부는 바람 춘향 봄물 일으키고
봄 소리 긴 잠 깨워 백황연홍 치장하다[16]
봄날에 두견주 먹고 환송하는 겨울 내

[16] 봄꽃은 울긋불긋 요란하지 않고 하양 노랑 연분홍의 소박한 색으로 핀다.

도둑맞은 봄[17]

도둑맞았다
경자년과 함께 온 삼월이
옆 나라에서 불쑥 건너온
불청객에 화들짝 놀라 떠느라
온 줄도 모르게 도둑맞았다

빼앗겼다
겨울 헤치고 온 삼월이
집에 처박혀 있느라
혼자 눈물 흘리는 것
보지도 못하고 빼앗겼다

찾았다
빼앗기고 도둑맞았던 삼월이
헤어나지 못하는 두려움 바다
구해懼海 뚫고 나선 남한산성에서
찾아 함께 따듯한 뜻情 나눴다

17) 4353년 경자庚子년 삼월의 봄은 중국 우한武漢 발 코비드19로 온 줄도 모르고 어안 하다 금세 가버렸다. 도둑맞고 빼앗긴 삼월이를 남한산성 오르내리며 찾았다.

2장
義 · 西 · 蠱

수어장대[18]

사람은 가도 역사는 남는다
역사는 흘러도 돌은 새긴다
가슴 따듯한 사람은 느낀다
눈 밝고 귀 맑은 사람 안다

북풍한설 세게 몰아치던 그날
연못 물 모두 슬슬 빠져나갔어도
청량산 가장 높은 기상 잃지 않아
땅 이로움으로 호병 막아냈다는 것

곤궁해도 그 형통함 잃지 않을 자리
입 숭상하고 말 많아 믿음 없어졌으니
목숨 다 바쳐 뜻 이뤄야 할 지도자들
민초 버리고 삼배구고두 치욕 받았다는 것

해 많이 낮 길게 이어지는 이곳
멋진 시월 보내려 구름 마실가고
하늘 할 말 많아 파랗게 물들여
무망卅토루 단풍 붉지 못하고 말랐다는 것

18) 남한산성에서 가장 높은 곳에 있는 지휘소. 병자호란 때 47일 동안 싸웠지만 인조가 항복하고 삼배구고두三拜九叩頭(세 번 절하고 아홉 번 이마를 땅에 두드리는 것)의 치욕을 받아들였다. 하루 더 버텼다면 역사는 어떻게 됐을까….

토지측량삼각점

아주 소중한 역사가
남한산성 수어장대와 청량사 사이에
잊힌 채로 껌뻑껌뻑 숨 쉬고 있다

대한제국 양지아문이 근대적 토지조사 위해
세운 측량기점 삼각점,
1899년 6월부터 1904년 1월까지
전체의 3분의 2인 218개 군에서 양전量田
이루어져 토지소유제인 지계地契권 기틀 마련됐다

1904년 2월 불법적 갑진왜란[19] 일으킨 일제
양전지계사업 강제로 중단시켰다
대한제국 꿀떡 삼키려면 경제자립 막고
경제자립 막으려 토지 강탈했다는 사실

양지아문 측량기점 삼각점이
잊지 말라며 작지만 꼿꼿하게 호소한다
일제의 토지조사사업 훨씬 전에
스스로 양전사업 했다는 것 분명하게 알라고
겨울 견디고 밤새워 읍소한다

19) 일제 군대가 1904년 2월 6일, 불법적으로 인천에 상륙해
광무황제가 기거하던 경운궁慶運宮을 점령하고 광무황제를 포로로
잡은 왜란. 1910년 경술국치는 1894년에 있었던 갑오왜란甲午倭亂에서
시작됐고 갑진왜란에서 사실상 완성됐다.

청량당 淸凉堂 [20]

진실은 비극이다
억울한 죽음 뒤에야 밝혀진다
자기 할 일 제대로 하면 되는데
남 잘되는 꼴 참지 못하고
못된 고자질로 살 맛 찾는다

이회 장군은 전설이 됐다
남한산성 동남쪽 튼튼히 쌓느라
받은 공사비 모자라 기한 넘기고
공금 횡령, 탕진했다는 무고 받아
수어장대 마당에서 참수형 당했다

그는 한 마디 매로 남겼다
내가 죽기는 하지만
내가 죽은 뒤 잘잘못 알 것이다
그의 목에서 매 한 마리 날아와
군중 쏘아보고 매바위에 앉았다 사라졌다

그의 부인 송씨와 첩은
삼남지방에 가 모자라는 축성자금 모아

세밭나루[20] 이르러 이회 장군 처형됐다는

소식 듣자마자 강물에 뛰어들었다

청량당 지어 넋 달랬으나 엎어진 물이었다

[20]남한산성 수어장대 옆에 있는 이회장군 추모 사당.
수어장대 마당 동남쪽 구석에 수어서대守禦西臺라고
새겨진 바위가 매바위다.
[20]삼전도三田渡의 우리말.

철송 哲松[21]

가지 많은 나무에 바람 잘 날 없다는
말 알고도 셀 수 없이 많은 가지 만든
그대는 아이 많은 흥부네 맏며느리

태풍 앞의 불같은 조국 어찌할까
백척간두에 선 백성 어떻게 구할까
추풍낙엽처럼 떨어질 병사 어찌 살릴까

해답 없는 방정식 푸느라
살 터져 나가는 것, 옹이 생기는 것
알지 못하고 죄인처럼 시름 맺었다

그대도 쭉쭉빵빵 낙락장송 될 수 있는데
그대도 세금으로 무임승차 할 수 있는데
그대도 건들건들 책임 없는 한량일 수 있는데

어쩌다 남한산성 성벽에 서서
어쩌다 수어장대 보초병 되어
삿대질 도맡는 철학자 되었는가, 그대여

21) 수어장대에서 우익문(서문)으로 가다 보면 성벽에
가지 많은 큰 소나무가 말을 건다. 그 말을 받아 소나무에게
철송哲松이라는 이름을 지어 주었다.

연주봉

좋은 건
한꺼번에 누릴 수 없다는 것
알려주려 너는 가고야 말겠다는
동설冬雪 억지로 잡고 기다렸구나

100년 전 바로 오늘
나 죽지 않았다는 것
우리 사라지지 않았음
일깨우려 밤 새웠구나

미닫이 소리 나는 대로 쓰면
드르륵(미다지 아니고)
사군자를 완성하기 위해 ( )를 채우면
매 ( ) 국 죽, 밥(난 아니고)…

밤새워 기다린 네 덕분에
오늘 깔깔대며 얘기 나눈다
거짓말해도 용서되는 날 전
남한산성 연주連珠봉 옹성에서

물안개

수줍어 수줍다고
발그레 나왔다가

부끄러 부끄러워
하얗게 숨었구나

무더위 날려 보낸
한가람 바람 타고

연주봉 감싸 안은
물안개 숨결 덕분

남한산 바른 정기
깊은 맛 발효시켜

한가위 지낸 뒤에
붉은 일출 맞이하세

연주봉 해돋이

마루금마다 바람이 일어
샛별 새 하늘 활짝 열고
그믐달 동살 땅 두드려
햇귀 연주봉 옹성 깨운다

저 멀리 잠실벌 콘크리트
가정 따듯하게 피어나듯
새 해 귀로 다리로 보고
새 날 마음으로 맞는다

세 번 정성 드려야 비로소
부끄럼 살포시 닫고 그곳
가슴 듬뿍 들이쉬고 귀만큼
보라고 산새들 합창한다

새해 새아침 새 누리 새 삶
곰살곰살 굽이굽이 살랑살랑
문득 마중 나오는 님, 연주봉아
봉황에서 귀환한 바로 그 님아

단풍

남한산성 한 가을 바람엔 가시가 있다
그 가시에 찔려 나뭇잎 붉고
온 산 벌겋게 핏물 들었다

병자년 살 에는 겨울 농상으로
손가락 발가락 귀 가락 떨어져 나가
잊지 못할 한 담은 가시 망월을 찔러
핏물 뚝뚝 떨어져 온 산 붉게 물들고
하얀 옷 검붉게 타올랐다

죽음을 준비하는 그대들 엄한 의식
그날의 땀과 피 기억하려 붉었구나
끝없이 이어진 파랑 갈 길 잃은 내 마음

지화문 낚아채어 한달음에 오른 우익
전승을 기약하려 우뚝 솟은 수어장대
목소리 높이다 망한 반면교사 현절사

발개진 가슴 안고 찾아든 막걸리 집
그날을 되살리며 잦아지는 술잔 돌림
민초들 따듯한 구들 마련 못한 자책주

유혹

연보라에 끌렸는가
하얀 꽃술 반했는가
먼 눈 질끈 당겨 감고
꿀 향기에 빠졌는가

덜 깬 잠 떨어내나
파르르 떠는 날개
부스스 힘 뺀 다리
빨대에 기력 모나

거부할 수 없는 유혹인가
감당 못 할 회초리인가
첫 이슬 무거운 멍에
달콤함 자르려 내리치나

음흉한 거미 하얀 실 꽃으로
밤새 사랑 나눈 풀벌레 꼬드길 때
해바라기 절레절레 동정하고
박꽃 하얗게 응원 보낸다

그믐달

그대는
어떤 말 못할 걱정 있어
긴긴 밤 하얗게 지새우고
동살 파랗게 이지러지고
햇귀 발갛게 수놓을 즈음
문득 떴다 문득 지는가요

그대는
언제 몹쓸 짓 했기에
보는 이 가뭄에 난 콩처럼
어린 아이 이처럼 듬성듬성
한 가을 찬 서리 듬뿍 맞아
종종걸음 치듯 잠겨드는가요

가을이 지나가는 시월
남한산성 연주봉 옹성에
한 떨기 사연이 흐릅니다
구절초 쑥부쟁이 짙은 내
철부지 개나리에 놀랄 때
나그네 가슴 철렁하는데

그대는
그 어떤 크나큰 뜻 전해야 하기에
개밥바라기별 샛별로 깜박거리며
삼태성 함께 목숨으로 해에게 가
간언하고 이내 사라졌다 초승달로
왼쪽 오른쪽 바꿔 살아 돌아오는가요

국청사 참새

삐 삐 휘리리릭 찍찍 짹짹
한적한 겨울 국청사 가는 길
얼 놓고 걷는 귀가 부산하다
문득 파란 하늘 맴돌던 정신
붙들어 동영상 버튼 눌렀다
휘영청 정월대보름달 보며
한바탕 놀이마당 펼치자고
짬짜미로 촐싹대던 참새 떼
화들짝 놀라 후루룩 후루룩
소리 짓으로 거부날개 폈다

법수봉(法水峰)[22]

한때 이름도 잊혔고 갈 수도 없었다

군부대 철조망에 막히고 사격장으로

총탄에 만신창이 됐다 부처님 가르침

받아 마음 깨끗이 닦는다는 법수봉(法水峰)이

경계로 나눈다는 법수봉 된 때문일까

군부대 떠나고 성남골프장 닮았어도

법수봉 가는 길도 이정표도 표지석도

보이지 않는다 말로만 듣고 갔다 길

잃은 나그네 빨간 낙조에 당황한다

청량산에서 뻗어 내린 어미 범 머리

위례신도시 명당 만들어 주어 겸재가

그린 송파진도에 당당한 모습 드러낸

법수봉 반백 년 동안 시달린 넋 달랠

날 기다린다 비정상의 정상화 바란다

[22] 남한산성 수어장대 부근에 있는 6암문을 나와 왼쪽으로 난 등산로를 따라 끝까지 직진하면 법수봉 정상이 나온다. 정상까지 갔다 되돌아와 잿골이나 마천동 쪽으로 내려와야 한다. 정상에서 성남골프장을 바라보고 내려오는 길은 없지만 고생고생 하면서 내려오다 보면 창녕조씨 묘소가 나오고 골프장에 닿는다. 제법 험하다. 법수봉에 대한 풍수학적 설명은 김기영 박사의 설명에 따랐다.

실 꽃

그대는
무슨 걱정 이리 깊어
길어가는 처서백로 밤
하얗게 새워 이리도 많은
실 꽃 아프게 꾸몄을까

그대는
어느 못된 놈에게 뺨 맞아
큰 벌레 오갈 수 없는 속 길
촘촘히 막고 일망타진 노리는 듯
하얀 심술 드러냈을까

그중엔
그대의 독재 거부해
심술로 꽃 만들어 산화하고

그중엔
그대의 가르침 따라
웅장한 화살 과녁 짜고

그중엔
그대의 존재 인정하지 않아
죽음으로 풍풍 구멍 뚫었다

노느라 배우느라 나쁜 일 하느라
문득 넋 놓고 헤매는 철부지 노리는
그대는 어느 지옥에서 온 악마이기에
배고픈 밤 넘겨 애기 먹이 찾으러 나온
엄마 아버지 노리느라 머리 하얗게 세었을까

바위의 눈물

바위가 울고 있었다
남한산성 우익문에서 마천동으로
내려오는 비탈길 봄이 오는 길목에서
들릴까 수줍어하며 소리 없는 눈물
결 따라 혼자 달래고 있었다

겨우내 참았던 아픔이
문득 동남풍 타고 온 햇살에
사르르 풀린 탓이었을까
간 겨울에 떠난 님 살며시 남긴
낙엽 그리워하며 진달래 깨웠다

성남골프장[23]

사람이 떠나면
사람이 놀던 골프장도 떠나고
사람이 놀던 흔적만 휑하니 남는다

남한산성 수어장대 아래
위례신도시 주산, 법수봉法水峰인 줄
모르고 드나들었을 사람들
이은옥 로키박 매튜고 제프딕슨…
사람은 떠났어도 이름은 남아
누구나 가고 싶어 했던 이곳 기억한다

사람들 괴롭혔던 벙커엔 풀이 주인 되고
말끔히 단장했던 페어웨이 머리 헝클어졌다
긴장도 높던 그린 잔디 모두 어디로 사라졌을까

사람은 텅 빈 것 참지 못하는 동물인지
사람이 떠나고 멋지게 남은 역사터에
뭔가 자꾸 채울 꿍꿍이들로 북적댄다
아파트 짓겠다는 사람
병원과 청소년수련원 세우겠다는 사람
'빔 공황자'에 밀려 사람들 공허 커진다

[23] 4351년 11월에 문을 닫고 현재까지 방치돼 있는 골프장이다. '무단출입금지'라는 경고판과 함께 정문은 굳게 닫혀 있으나 옆에 '개구멍'으로 사람들이 드나든다. 건물 짓지 말고 멋진 공원으로 만들었으면 좋겠다.

우익문에서

인조는 그날
이 문 나가면서
무슨 생각을 했을까

저 아래 송파 벌
까마득하게 덮은
청淸 진영 바라보며
어떤 느낌 가졌을까

가파른 비탈길 꽁꽁 얼어
미끄럼틀보다 더 미끄러운데
말도 가마도 타지 못하고
곤룡포 대신 사대부 행색을 하고
스스로를 되돌아보기는 했을까

왜 이런 고초를 겪어야 하는지
어디서부터 단추가 잘못 꿰어졌는지
삼배구고두 한 뒤 어떻게 살아야 하는지
죄 없는 백성들이 누구 때문에 고통 겪는지

그는 그렇게 할 양심도 자질도 없었을까
9년 동안 청에 억류됐다 돌아온 맏아들,
소현세자 두 달 만에 갑자기 죽였다
청에 잡혀갔다 돌아온 엄마와 부인과 딸들
화냥년으로 내치고도 발 뻗고 잘 잤다

삼전도비[24]

그것은 수치 덩어리다
헛된 주희朱熹에 홀려
백성 귀한 줄 모르고
편 갈라 싸움질 일삼은
당파들에 내리친 회초리다

소나무 우거진 모래 언덕
세밭나루 거쳐 오른 한강 물길
중원 목계나루까지 북적대던
이곳에 부끄럼 덩이 우뚝 솟아
사람 발길 뜸해졌다

그 치욕 목숨으로 씻지 못하고
그 수치 민생으로 끊지 못하고
그 부끄럼 숭명崇明으로 더 키우고
그 뻔뻔함 화냥년 만들어 내고
그 허위의식 천추千秋에 오점 남겼다

뽕나무 누에 집 벌판
123층 솟구쳐 오른 석촌호수 곁

철 아는 매화 개나리 흐드러질 때

철부지 그날 부끄럼 모르고 잊고

대청황제공덕비 자지러지듯 떤다

이경석과 오준 피눈물 철철 흐르는데

아직도 그놈 귀신에 씌운 인조 소인배들

죽음의 미세먼지 스멀스멀

거북이 네 눈 네 코에 쑤셔 넣는

그것은 벗어던져야 할 수치 덩어리다

24) 삼전도비로 불리는 거대한 비석의 원래 이름은 대청황제공덕비大淸皇帝功德碑다. 비석의 앞면 왼쪽은 몽고어, 앞면 오른쪽은 만주어, 뒷면은 한자로 되어 있다. 1009자로 된 비문은 당시 대제학이던 오경석이 짓고, 글씨는 당시 명필이던 오준이 썼다. 삼전도비 옆에는 비석받침대인 귀부龜趺가 하나 놓여 있다. 청이 원래 준비했던 삼전도비보다 큰 것을 요구해 작은 귀부를 쓸 수 없어 옆에 그냥 버려두었던 것으로 추정된다.

석촌동 적석총[25]

역사는 무엇으로 말하는가
죽은 사람은 말이 없고
산 사람은 넋 잃고 얼 빠져
해야 할 일 하지 않고
하지 않아야 할 것만 하는데

문득 생겨난 25cm 구멍에서
지하세계는 말하기 시작했다
때 문 열리면 꽃봉오리 방긋하고
때 문 닫히면 만산홍엽 인사하듯
때 되자 역사 저절로 말한다

왕릉이 집에 깔려 숨죽여야 할 줄
서울 잠실벌 한가운데 이런 보물
그득 감춰져 있을 줄 어느 누가
꿈 꿨겠는가 상상이나 했겠는가
나라 뺏기니 조상묘도 욕보는 걸

머리 숙일 수밖에 없다
발밑에 사실史實 잔뜩 밟고 서서

기록에 없다며 실재 역사 부정하고

저렇게 써 있다고 진실 왜곡하는

그놈들 응징하지 못하는 게으름

채찍질한다 적석총 앞에서 회초리 든다

25) 서울 석촌동 고분군의 제3호분은 동서 50.8m, 남북 48.4m나 되는 계단식 돌무지무덤(積石塚 : 적석총)으로 백제 근초고왕近肖古王(346~375) 왕릉으로 추정되고 있다.

3장
禮·南·觀

남1옹성에서[26]

그곳에 삶이 있었네
한두 방울 톡톡 건드리듯 들으며
해돋이 보지 못하게 심술 거는 곡우 비
달콤하게 홀짝이는 남한산성 남1옹성 새벽

그곳에 살림 있었네
눈보라 잠시 접고 눈 감았던
나리 머루 제비꽃 뱀딸기 각시붓꽃…
낮은 곳으로 임해 거듭남 뜻 가르치고

그곳에 떨림 있었네
굽이굽이 물결치는 뫼 바다
뒤뚱뒤뚱 대는 갓난아이 젖살 오른 살결인 듯
애리애리 풋 잎 기지개 눈물 펴진 곳

그곳에 사귐 있었네
지난 가을 귀지(歸地)한 나뭇잎 뚫고
초록초록 돋아난 가녀린 봄나물 사이
소나무 사랑한 벚나무 껴안은 곳

그곳에 울림 있었네

첫 열매 맺으려 발길 서두른 이사랏

한 여름 무더위 식힐 가녀린 산머루

살리는 울림 사귐 떨림 삶 돋아났네

26) 홍찬선, 〈남한산성〉, 『품-와글와글 홍가네 스토리』(서울: 넥센미디어, 2020), 83쪽 퇴고해 재수록.

남3옹성

얼 솟는다
겹겹이 이어진 꿈결 타고
밝음 여는 별 맑음 닮은 달
손 바뀜 미소 인사 받으며

해 돋는다
물 맘껏 머금은 새싹 봉우리
어서 깨어나라 정수리 두드려
그날의 함성 힘껏 되살리며

수탉 울어 하늘 열림 알리고
까마귀 땅 깨어남 실어오고
딱따구리 사람 기지개 재촉하는
남한산성 동남쪽 남3옹성 봄 길목

해 돋아 땅 일어나고
해 살아 사람 숨쉬고
해 먹어 얼 솟아난다
삼천리 떨친 얼 덩이 누렇게 익는다

지화문 至和門

去寒春夢來 거한춘몽래
暗眠晝長明 암면주장명
望月郡烏惘 망월군오망
至和何處成 지화하처성

추위 가니 봄꿈이 오고
어둠 잠드니 주장이 밝네
정월대보름에 까마귀 떼 급하니
지극한 화합 어느 곳에서 이룰까

시내

졸졸졸 아침 안개 뚫고 나온 꿈속 향기
짹짹짹 누구냐며 보초 서는 참새 노래
겨울 잎 살포시 열고 눈치 보듯 여는 봄

시내는 시詩내 되고 이끼는 숨이 되니
들꽃 핀 생명 먹어 달아난다 바이러스
달처럼 하얗게 뜬 해 잠 깨우는 어스름

꼬끼오 힘찬 수탉 부지런히 새벽 열고
컹컹컹 화음 넣어 심심한 개 유혹하니
하늘 땅 사람 반기니 하릴없는 한寒꽃샘

불망비 不忘碑

산에 들로 길을 걷다 보면
이맛살 찌푸리게 하는 흉물
도깨비바늘처럼 따라붙는다

낯선 곳에 가면 불안해서
집 근처에선 영역 표시하는
동물성 버리지 못한 탓일까
괜찮다 싶은 바위엔 영락없이
찔끔댄 지저분함 다가온다

무엇을 잊지 말자는 것일까
수어사 서명응 부윤 홍익필
이명중, 백성들 무거운 등짐
얼마큼 가볍게 해 주었을까

지하철 8호선 산성역에서
지화문 가는 중간에 불망비
절대 잊지 말라고 호소한다

영춘정 가며

하늘에 동해바닷물 뿌렸다
경자년 정월대보름 둥근달
파란 대박 꿈으로 맞으려
졸린 눈 크게 뜨고 청량산
남한산성 크게 돌고 돌았다

그 마음 연천으로 날았다
영하 십도 저 밑으로 뚝
떨어지고 눈 푹푹 쌓여도
함박웃음으로 눈 날리며
겨울 시름 봄으로 이었다

날려 버려라 쥐불놀이 깡통
달집 훨훨 타올라 우한폐렴
신종 코로나바이러스 말끔히
쓸어버려라 하늘 땅 깨우는
지신밟기 사물四物아 일어나라

영춘정迎春亭[27]

天柱出朝陽천주출조양

迎春歡自來영춘환자래

其人何日訪기인하일방

民樂晝長開민락주장개

천주봉[27]에 아침 햇살 돋아나니

봄맞이 기쁨 저절로 다가오네

그 사람 언제쯤이면 찾아와서

백성 즐거운 긴긴 낮 열어줄까

[27] 남한산성 지화문에서 수어장대 쪽으로 가다 만나는 높은 봉우리. 경기도 성남과 서울 송파 일대를 한눈에 내려다볼 수 있는 이 봉우리에 영춘정이 있다. 이 부근에 천주사가 있었다. 주장성晝長城은 남한산성의 삼국시대 이름.

삼추남

가을을 즐기려고 성남에서 만난 시월
이년이 길었던가 풀어 놓은 사연 놀라
구멍 뻥 뚫렸을 거라 어림짐작 또 한 잔

후다닥 한 병 먹고 단풍 닮아 발간 얼굴
좋은 때 묶으려고 함께 나선 남한산성
지화문 잠시 기다려 발길 돌린 아쉬움

그냥 길 나누기가 아쉬워서 맞댄 순대
걸쭉한 뜨건 국물 시린 가슴 데울 적에
정정홍 손가락 걸고 시흥에서 봄맞이

신익희[28] 생가에서

신나게 사는 나라 멋있게 만들고자
익모초 쓰디쓴 약 달콤하게 마시고서
희망을 향해 달리다 먼저 꺾인 선각자

신해공申海公 왕방오로 이름 바꿔 살던 때도
익룡翼龍이 되어 나는 크디큰 꿈 고이 키운
희세熙世[29]를 펼치려 한 뜻 어이하면 이룰까

국가는 완전독립 이루려다 서거 병신丙申[30]
민족은 철저해방 어찌하나 좌우 무익無翼
사회는 평등이 필수 완수 못해 불함희不咸熙[31]

28) 신익희申翼熙(1894~1956) 경기도 광주 초월草月읍 서하西霞리에서 출생. 1919년 3.1운동 때 해외와 국내를 연결하는 활동을 펼치다 망명. 상해임시정부에서 26년 동안 내무총장 외무총장 등으로 활동. 망명기간 중에 일제의 추적을 피하기 위해 왕해공王海公, 왕방오王邦午 등의 이름으로 활동. 해방 후 귀국해서 국회의장 역임. 1956년 대통령선거에서 민주당 후보로 나섰다가 5월5일 호남 유세 가던 중 열차 안에서 뇌일혈로 급서急逝했다.
29) 熙世 : 태평성대.
30) 丙申 : 신익희 선생이 서거한 1956년.
31) 咸熙 : 서적함희(정치가 고루 베풀어져 많은 공적이 널리 이루어짐)의 뒷부분.

허난설헌묘[32]에서

차라리 홀로 있는 게 좋았다
도둑맞은 봄 해 뉘엿뉘엿 기울 때
아래에 있어 되레 높아지는 뜻
사백 년 지나 파릇파릇 돋았다
자못 심각한 것은 가야 할 길
아직 찾지 못한 것 드러낸다
부드러움이 거셈 이겨낸다는 것
죽음이 삶보다 훨씬 오래라는 것
두 달이 풀과 연못에서 알려준다

子夫哀忒時 자부애특시[33]
早死當成鸞 조사당성난
魂賞草池月 혼상초지월
安民達治寒 안민달치한

남편과 아이들 슬프게 때 어긋나
일찍 죽어 마땅히 난새 되었구나
얼이여! 풀과 연못 달 완상하면서
추위 다스려 백성 편안케 하소서

32) 허난설헌許蘭雪軒묘는 경기도 광주시 초월草月읍

지월池月리에 있다.

33) 허난설헌이 죽기 직전에 죽음을 예감한 듯 지은 몽유광상산夢遊廣桑山에 차운해 지은 시다. 그 시는 다음과 같다. 碧海浸瑤海벽해침요해 青鸞依彩鸞청난의채난 芙蓉三九朶부용삼구타 紅墮月霜寒홍타월상한 푸른 바다가 요해에 스며들고/ 푸른 난새는 찬란한 난새에 기대였구나/ 곱디고운 부용 꽃 스물일곱 송이/ 붉게 떨어지니 달빛 서리 위에서 차갑기만 하네

남한산성 가는 길[34]

길은 길마다 다르다
하늘이 깨고 땅이 기지개 켜는
새벽 한시, 이부자리 고집하는
몸, 삼일정신으로 후다닥 일으켜
까만 길 하얗게 밝히며 걸었다

길은 길마다 맛 있다
짙은 꽃향기 겨루는 길은
바람에 스쳐가듯 흘러가고
땀범벅 거친 숨 뻐근한 다리
남긴 길, 코비드19 물리친다

길은 길마다 멋 가꾼다
캄캄한 오르막에서 문득 마주친
연리지連理枝, 막힌 가슴 뻥 뚫고
낮 길 어떨까 숙제 내 준 사이
남한산성, 동살 빛으로 환영한다

34) 3.1대한독립만세운동 101주년을 기념하기 위해 경기도 분당 새마을연수원에서 영장산靈長山-갈마치고개-이배고개-망덕산-검단산을 거쳐 남한산성 지화문까지 15km를, 4353년 3월1일 새벽 1시부터 6시까지 걸었다.

연리지[35]

사랑은 자물쇠로 잡아두세요
나도 모르는 내 마음 언제
변덕 일으켜 바뀔지 모르니
두 나무 하나 되는 연리지
앞에 변치 않겠단 맹세 말
그대로 산신령 도장 받아요

당 현종과 양귀비 사랑이
하늘에서는 비익조比翼鳥 되고
땅에서는 연리지連理枝 되길 바란 건
너무 지나친 욕심일지라도
수수꽃다리 피는 봄날 밤
그윽한 향기 나누는 뫼 오름

거친 숨만큼 이해 넓어지고
마주 잡은 손만큼 다져지고
흘린 땀만큼 사랑 깊어지는
갈마치 이배재 잇는 오르막
턱이 그대의 사랑 시험하네요
자물쇠로 믿음 꽉 채워두세요

35) 영장靈長산에서 남한산성 남문까지 이어지는 성남 누비길 중간에 갈마치에서 이배재로 가는 가파른 오르막에 연리지 소나무가 지친 몸 쉬어가라고 손짓한다. 다리쉼도 하고 사랑의 열쇠도 채우는 연인이 많다.

이배재[36]

이배라고 해서
통행료가 다른 고개보다 두 배
또는 배를 재배하는 고개인 줄 생각했다

이배재 지나
형제봉 정상까지 800미터
가파른 오르막에 다리 풀리고
막히는 가슴 뚫으려는 숨소리
거칠어졌을 때도 그 뜻 생각했다

상상도 하지 못했다
이배재는 두 번 절하는 고개라는 전설에
경상 충청도 선비들 과거보러 한양 갈 때
한 번은 궁궐 향해 한 번은 고향 향해 절했다

퇴계 이황 벼슬 물러나 안동 갈 때
임금에게 두 번 절한 고개라는 설명에
한글전용, 상상력 창고인지 바보 만들긴지
헷갈려 발걸음 더욱 엇나간다
봄이 오는 길목에 싸늘 바람 휙 지나간다

36) 경기도 성남시 상대원동과 광주시 목현동을 잇는 고개.
형제봉 정상에 이르는 800m가 가파른 오르막이다.

별빛[37]

빛이 빛을 쫓아냈다

빛이 빛에 쫓겨난 자리엔

빛이 품고 있던 사랑도

빛이 안고 있던 추억도

빛이 갖고 있던 희망도

빛과 함께 떠나갔다

빛이 빛에 쫓겨 떠난 곳엔

사랑이 가고 추억이 지고

희망이 멀고 사람이 잊고

심술쟁이 바람만 외롭게 서성인다

---

[37] 3.1대한독립만세운동 101주년 되는 날 한밤에 경기도 분당 영장산靈長山부터에 남한산성 지화문至和門(남문)까지 걸으며 하늘을 올려봤는데, 아래에서 올라오는 빛 때문에 별이 빛을 잃어 찾기 힘든 모습을 보고….

오! 생명

그대는 틈 아는 멋쟁이
눈에 보이지 않는 자그만
틈 눈 밝게 찾아 신성한
꽃 피울 때 기다린다

그대는 멋 즐기는 스승
삶 힘들다고 투덜대는 우리에게
코비드19 얄밉다고 삿대질하는
우리에게 말없는 가르침 준다

남한산성 가파른 오르막에
아슬아슬 멈춰 있는 이름 없는
바위에 누구랄 것도 따지지 않고
문득 찾은 그대로 연분홍 꽃
발그레 피는 그대는 멋쟁이 스승

진달래꽃

진달래꽃은 희망이었다
갈색 들녘 파릇파릇 해 지기 앞서
분홍으로 수줍은 색시처럼 피는

진달래꽃은 웃음이었다
곡기 구경한 지 오래 된 배에서
눈치 없이 들리는 꼬르륵 소리
달래려 손과 입술 발개지도록
들이밀고 민망하게 마주하는

진달래꽃은 사랑이었다
칡뿌리 써지기 시작할 무렵
냉이 쑥 고들빼기 찾아 나설 때
예쁘게 익어가는 화전花煎

남한산성 봄 산자락 여기저기서
딱따구리 독경에 줄 맞춰 발갛게
웃는 진달래꽃은 넉넉한 추억이다

지송 知松[38]

땅이 그리워
얼마 전에 떠난
땅을 잊기 어려워
땅으로 다가가다
그 뜻 어기지 못해
하늘로 다시 뻗는
그대는 한 줄기 길 아는
지혜로운 소나무

옳은 길 찾기 힘들다는 것
그래도 꿋꿋이 찾는다는 것
굽어도 돌아가도 마침내 하나로
만난다는 것 모두 깨친 그대는
옳고 그름 헷갈리는 사람
정수리 때리는 지송 知松
우리가 나아갈 길 알려준다

[38] 서울 지하철 8호선 산성역에서 남한산성 지화문(남문)에 가는 등산로 아래에 위례공원이 있다. 위례공원에서 대원사 가는 둘레길에 독특하게 생긴 소나무를 보고 '지혜로운 소나무'란 뜻으로 지송 知松이라 이름을 지어주었다.

신남성 新南城[39]

혹시나 했더니 역시나 였다
남한산성 남1옹성에서 동쪽으로 보이는
검단산 봉우리 3개, 가운데 통신용안테나
있는 곳에 신남성 있다는 얘기
간다고 갈 수 있을까 의심들었다

가는 길은 못미더움 투성이였다
눈대중으로 겨우 찾아 가니 울화통이었다
철문 굳게 닫히고 철조망 사이로 돈대墩臺벽만
애처롭다 신남성 동돈대 통신안테나 세우면서
원형 많이 훼손됐다는 표지석이 울고 있다

검단산 가장 높은 봉우리에 있던
서돈대는 부대가 자리 잡고 있어
아예 접근 자체가 어렵다 아팠던
역사는 이렇게 다시 쓰린가 보다
안보와 편리에 역사가 패배했다

---

[39] 주유수 이기진李箕鎭 건의로 검단산 중앙(동돈대) 및 서쪽(서돈대) 봉우리에 돈대(소규모 방어 시설물)를 쌓았다.
철대문 사이로 보이는 동돈대 홍예문虹蜺門(윗부분을 둥글게 무지개 모양으로 만든 문)은 송신탑을 만드는 과정에서 차량이 드나들 수 있도록 확장해 신축한 것이다.

남1옹성 달래[40]

전혀 뜻하지 않은 곳에서
너를 만나니 참 반갑구나
남한산성 남1옹성 동쪽 벽
돌 틈 사이에 머문 한 줌
흙에 씨앗 떨어져 귀한 물
알뜰살뜰히 품고 머금어
문득 기적 만들어냈구나
코흘리개 시절 이맘때쯤
파릇파릇 밭둑 물들이는
새 풀 사이를 공주인 듯
도도하게 톡 쏘는 알리신
듬성듬성 자른 간장 함께
보리밥 게 눈 감추듯 쓱
해치우는 착한 밥도둑,
무인각석/戊寅刻石 찾으려다
너를 만난 건 반백년만의
마른 김 한 장 행복이다

40) 남한산성 남1옹성 성벽 돌 틈에서 탐스럽게 자라고 있는
달래를 발견하고 반가워서 짓다. 무인각석; 1638년 남한산성
남1옹성 수축을 담당한 감독관 목수 장인의 이름을 새긴 돌로
모두 105자가 기록되어 있는 돌. 옹성 끝에 만든 홍예문 한쪽 벽에
세운 것인데 성벽이 무너지면서 함께 허물어져 방치돼 있었고,
글자는 상당히 마모됐다.

삼일절 연날리기[41]

보아라
3.1대한독립만세운동 101주년 맞아
남한산성 남1옹성에서 날아오른
백한 개 태극기 연의 힘찬 기상을

태극기 하나에 그날 함성을 담고
태극기 하나에 그날 독립의지 넣고
태극기 하나에 코비드19 퇴치 다짐하고
태극기 하나에 하나 된 한국 꿈 다졌다

하늘과 땅도 우리들 외침 들었음이라
까치와 산새도 우리들 다짐 함께 했음이라
꽃피울 채비에 바쁜 얼레지 꿩바람꽃 진달래
봉우리도 우리들 진심 마음으로 알았음이라

잔잔했던 바람 태극기 연 꺼내자마자
동쪽에서 힘차게 띄운다 지화문 넘어
수어장대 닿을 때까지 오르고 올랐다
우리들 하늘 닿았음을 똑똑히 보아라

41) 3.1대한독립만세운동 101주년을 맞아 남사모(남한산성을 사랑하는 모임), 원코리아와 함께 남한산성 남1옹성에서 태극기 연을 날리며 코비드19 퇴치를 다짐하고 대한민국을 응원했다.

4장
智 · 北 · 隨

전승문 全勝門42)

이름은
진실을 얼마나 안고 있을까
모든 싸움에서 이겼다는 전승문
남한산성 북문에서 벌어진 전투
싸울 때마다 승리했을까

이름은
희망을 절실히 품고 있을까
병자호란 때 삼백 정예병 끌고
북문 열고 청군 포위 뚫으려 나갔다
모두 죽는 참패당한 북문

이 문 밖은 맨몸으로도
무릎 바늘로 찌르듯 아픈 비탈길
한강 나루에서 내린 쌀, 무거운 세미稅米
등에 지고 땀 뻘뻘 흘려 올랐다
그날 이 나라 착하디착한 백성들

그날 법화골 전투 주장한 김유
그날 이 문밖에서 원혼冤魂된 병사들

죽어가면서 외친 말 들었을까

입만 살고 귀와 가슴은 죽었을까

북문은 봄 여름 갈 겨울 늘 춥다

42) 인조 2년(1624)에 신축된 것으로 보이며,
정조 3년(1779) 개축할 때 북문을 전승문全勝門이라 명명했다.
이 문을 통해 하남 나루터에서 온 세미를 받아들였다.

1군포^{軍鋪}터[43]

그날 이곳에서 그들은 무엇 보았을까
잠실벌 넘어 씩씩거리며 불어온 호풍^{胡風}
칼바람 막을 방한구 없어 빨개진 뺨
동상에 떨어져 나갈 듯 아린 코와 귀
손가락 발가락조차 움직이지 못한 채

그날 이곳에서 그들은 무엇 들었을까
까마귀 떼처럼 까만 먼지로 몰려오는
한 발 먼저 들이닥쳐 무공 세우겠다는
망념에 휩싸인 망나니처럼 들쑤시는
무시무시한 호로 자식들 날뜀 앞에서

그날 이곳에서 그들은 무슨 생각 했을까
이곳까지 피난 와 주화척화 싸움하며
민초와 군졸 아랑곳하지 않고 왕 자리
오로지 그것만 지키려 한 조정대신들
보며 고향 부모 떠난 그 마음 어떠했을까
마흔일곱 날 동안 그들은 어찌 견뎠을까

[43] 남한산성 전승문^{全勝門} 근처에 있는 1군포지에서 그날 보초 섰던 그 사람들은 무엇을 보고 듣고 생각했는지를 상상하니 먹먹하기만 하다. 군포^{軍鋪}는 성을 지키기 위한 초소 건물로 남한산성 안에 125개가 있었다는 기록이 있으나 남아 있는 것은 없고 터만 몇 개 복원돼 있다.

돌탑

쌓는다
돌 하나에 꿈을 담고
돌 하나에 한을 풀고
돌 하나에 세월 실어
차곡차곡 쌓는다

뫼 허리 따비 떠 나온 돌
밭 가장자리에 놓기 아쉬워
서낭당 오갈 때 없는 살림에
손금 다 닳도록 드린 정성으로
비바람에 무너져도 또 올려놓는다

돌 하나에 액땜 하고
돌 하나에 질병 버리고
돌 하나에 시름 달래며
영원히 바뀌지 않는 믿음
꼼꼼히 함께 같이 넣는다

오! 천사[44]

영원히 사랑해 너를 오 천사여
남한산성 북문 전승문全勝門 옆에
내 천사 살고 있다는 사실을
흰 쥐 맞으러 간 날 문득 알았다
황금돼지해 마지막 준 선물인 듯

딸 둘 아들 둘, 옆지기와 나
여섯이서 옹기종기 안고 안아
함께 체온 느끼며 부대끼던 천사
애들 몸집 커져 먹먹한 가슴 달래며
두 손 높이 흔들며 글썽이던 천사

내 보냈으되 너는 떠나지 않고
내 무심함 조금도 탓하지 않고
북풍한설 몰아치는 음지에 서서
그토록 많은 시간 굽히지 않고
내 오기만 기다렸구나, 천사여

그날도 그저 지나쳤을 눈 끝에
빠름보다 느긋함 새김질한 덕분에

너 오 천사여 드디어 상봉했구나

재선충 공격 막아내려 힘쓰는 너

봄날 맞이하듯 새 꿈으로 만났구나

44) 전승문全勝門 근처에서 '5-1004' 번호를 단 소나무를 보고,
10년 전에 헤어졌던 마티즈(04-너-5004)를 떠올리며⋯.
홍찬선, 〈5-1004〉, 『그해 여름의 하얀 운동화』(서울:
넥센미디어, 2020), 230~231쪽.

매탄터[45]

불 피우면 안된다
북풍한설 아무리 휘몰아쳐도
불 피워 연기나면 그것이 곧 죽음이니
몸 덜덜 떨리거들랑 숯에 불 붙여라

목숨 건 전쟁에도
물 소금 숯은 꼭 챙겨라
창 칼 활 쥐고 싸우려면
목축이고 배 든든해야 하느니

법화골 세미고개 전승문 들어온 숯
천주사 별관부터 북장대 부근까지
아흔네 곳에 이만사천백구십이 석
단단히 묻었다가 요긴할 때 쓰거라

---

45) 우익문(서문)에서 북동쪽 성벽 안에 있는 매탄터埋炭處.
『남한지』에 숯을 묻은 곳이 94곳, 양은 2만4192석이라 했다.
천주사(영춘정 부근) 별관에서 북장대까지 묻은 위치와
양을 기록하고 있다.

유리산누에나방고치[46]

나뭇잎 노랑 갈색으로 물들어
다음 잎 돋아나라 양보하고
뚝뚝 떨어진 살신성인의 숲에
파랑새 꿈인 듯 눈 크게 띄우는
뽀얀 연두 빛 손톱 불쑥 튕긴다

엄마 누나 반짇고리의 골무인 듯
귀지^{歸地} 거부한 한 떨기 잎인 듯
배고픈 산새 유혹하는 꽃망울인 듯
심심한 산신령 취미로 그린 그림인 듯
호기심 천국 아이들에 낸 수수께끼인 듯

땅만 쳐다보는 사람은 볼 수 없다
바람 소리만 듣는 이 찾기 힘들다
겉모습에 머무른 이 맛볼 수 없다
유리산누에나방 훨훨 떠나고 텅 빈
자연이 빚어 낸 신기^{神技}의 선물, 고치

46) 4353년 3월18일 남한산성 연주봉옹성에서 이성산성으로
내려오다 금암산 가기 직전에 있는 연리목 부근에서 예쁜
유리산누에나방고치('유리 산누에 나방 고치'로 끊어
읽는다)를 발견했다.

금암산 범바위[47]

비단 옷 걸치고서
나 보라고 뽐내는 듯
아침 저녁 햇살 따라 모습 바꿔
얼기설기 자리한 바위들
이성二聖산 청량淸凉산 중간쯤에
산신山神 품어 키웠다

따듯한 품 내어준
금암錦岩산에 감동한 범
청량산 가는 사람들
길 잃고 헤맬 때
문득 나타나 거친 산길
푸근하게 안내했다

해가 가고 달도 기울어
사람이 흩어지고 범도 떠난 뒤
범 살던 굴도 있는 듯 없는 듯
잊혀 가는 사이에도 사연은 남았다
범은 범바위로 사람은 나그네로
사연은 바람으로 금암산을 지킨다

47) 연주봉 옹성에서 하남시 이성산성으로 가는 도중에 만난 금암산(322m) 정상 부근에 범바위가 있다. 바위 아래에 범이 살던 굴이 있다고 해서 붙여진 이름. 범을 호랑이라고 하면 잘못이다. 호랑虎狼은 범을 이리(늑대) 수준으로 폄하시킨 말이다. 참조: 홍찬선, 〈노예공화국에 백두산 범을 포효하게 하라〉, 『임시정부 100년 시대 조국의 기생충은 누구인가』(서울: 넥센미디어, 2019), 255쪽).
범이 다시 올 날을 간절히 기다린다.

동사桐寺지 삼층오층석탑[48]

좀 엉뚱한 생각을 하고 싶거나
뭔가 머리보다 가슴으로 할 말
있거든 하남시 춘궁동에 가보라

고인돌 넓은 바위 딴 광암동에서
이성산 금암산 잇는 향여고개 넘어
이곳 뫼 마을 이름부터가 심상찮다
춘궁春宮 이성二聖 금암錦岩 향여 고골
고골저수지 오른쪽에 동사 절터 있다

고려 초에 지었다는 동사桐寺 경내에
여기 절이었음 나타내는 삼층 오층석탑
오누이처럼 다정하게 햇살 속에 서 있다
보물 13 12호, 깨졌어도 가치 보존한다

그때 절은 보이지 않고 지금 설명 보면
머리가 뒤죽박죽이다 두 탑과 가람 배치
경주 황룡사급 부처 모셨을 것이라는 것

탑과 금당 앞 가로막는 금암산 끝자락

절 이름에 오동나무를 쓴 것도 호기심

천국이다 절보다 석탑이 먼저 세워졌고

오래까지 남았다 무슨 얘기 하고 싶어서…

48)하남시 춘궁동 동사지에 있는 오층석탑(보물 12호)과
3층석탑(13호)는 볼수록 흥미롭다. 세월의 공격 앞에 드문드문
깨지고 구석구석 훼손된 오누이 탑은 언제 누가 만들었을까.
고려 때 중건했다고 하니 처음에는 한성백제 때 세워졌던
것일까….

이성산성 二聖山城[49]

죽은 사람은 말이 없고
산천초목은 말없음으로 말한다
역사는 상상력에 기대 미래로 흐르고

낮지만 가파른 이곳은
한가람과 주장산 사이에 두고
넓게 펼쳐진 들녘으로 넉넉한 터
글로 그 사연 다 전할 수 없는 삶
조각조각 유물에 얹혀 조금씩만 전한다

백제의 두 왕자 여기서 산 이유가 뭔지
무진년에 8 9 12각 건물 누가 지었는지
샘물 모으는 저수지 만든 까닭은 무엇인지
큰 건물에 온돌은 왜 깔지 않았는지

삼태성 거북바위, 적 동태 살피던 신선바위,
주인 잃은 석실묘는 모두 알고 있을 텐데
하얀 나비 안타까운 듯 산새 따라 춤춘다

[49] 경기도 하남시 춘궁동 초일동 광암동에 걸쳐 있는 이성산(209m) 능선에 있는 성. 백제 초기 위례성과 고구려 백제 신라의 각축전과 관련돼 수많은 비밀을 안고 있을 것으로 상상된다.

딱따구리 독경

딱따아악 딱따아르르
봄 차는 숲 속에
딱따구리 독경 퍼진다

간 겨울 함께 넘지 못하고
저 멀리 떠난 벗
마음 다해 명복 비는 독경

딱 딱따아악 딱따아르르
올 봄 이미 왔는데
봄 갖지 않음 안타까운 듯

마음 여린 딱따구리
찾는 이 드문 숲
외로움 품는 독경 깊어 간다

딱
딱따악
딱따아르르 딱따아르르 딱따아르르

선법사 마애약사여래좌상[50]

바람이 보인다
약사여래좌상 지긋이 뜬 눈에
객산 골 따라 내려온 봄바람
낭랑한 풍경소리로 보인다

왼쪽 어깨만 가리고 온몸 드러낸 것은
왼손에 약병 들고 오른손 쫙 편 것은
몸과 마음 모두 바쳐 중생 괴롭히는
온갖 질병 코비드19 물리치겠다는 각오

샘이 있어 사람이 오고
사람 오니 절 세워지고
절 생기니 삶 넓어진다

여사을如賜乙에 있던 옛 석불
태평 이년에 고쳐 다시 세우니
파란 하늘 시샘하듯 눈처럼 핀
이사랏 꽃 욕심쟁이 꿀벌 얼 빼다

50)경기도 하남시 교산동 객산客山 아래에 있는 절. 경내에

보물 981호인 마애약사여래좌상이 있다. 약사여래상 왼편 벽면에 "太平二年丁丑七月二十九日^{태평이년정축칠월이십구일} 古石佛在如賜乙^{고석불재여사을} 重修爲今上皇帝萬歲願^{중수위금상황제만세원}"이라는 글자가 새겨져 있다. 태평2년(고려 경종2년, 977) 정축년 7월29일, 여사을에 있던 옛 석불을 금상 황제 만세를 기원하기 위해 중수했다는 뜻이다. '여사을'이 현재 약사여래좌상이 있는 곳인지 다른 곳인지는 아직 불확실하다. 약사여래좌상 옆에 작은 폭포가 있고 그 아래 온조왕이 마셨다는 어용샘이 있다.

온조대왕 샘[51]

저녁노을과 개밥바라기별이
눈 껌뻑껌뻑하며 아쉬운 듯
또 만나자며 엇갈려 멀어질 때
서둘러 발꿈치 따라온 객산 골바람
처마 끝 풍경과 놀자고 보채는지
좋으면서 귀찮다고 한 소리 한다

곁에 앉은 마애약사여래 살며시
착한 미소 건네며 왼쪽 가리켜
목마름 달래고 지친 발 쉬라 한다

이천년 전에도 그랬을 것이다
온조대왕 위례성에 터 잡고
검단산에서 하늘에 제사지내려
오고 갈 때 맑고 찬 샘물 마시며
나라 똑바로 다스리는 큰 길
새기고 새겼을 것이다

목숨 붙은 것은 모두 왔다가 가도
생명 없을 것 같은 바위 그대로 남아
목숨 돌아주는 생명수 콸콸 뿜어낸다

51) 온조대왕 어용샘은 선법사善法寺 안,
마애약사여래좌상 옆에 있다.

객산 客山[52]

발걸음보다 마음이 더 빨리 달린다
겨우내 얼어붙은 땅 살포시 녹이려
하루 종일 힘써 발갛게 달아오른 해
이제 쉬려 뚝뚝 떨어지는 것 잡으려
검단 용마 벌봉서 지친 발 다그친다

이천에 있던 도드람산 치마에 싸고
목멱木覓산 만들러 가던 마귀할멈
먼 길에 지쳐 여기다 놓고 갔다거나
한양 오가는 나그네들 이 산 아래
주막서 쉬고 간다고 해서 얻은 이름

객산에 봄 저녁 꽃 활짝 피었다
하룻밤 지새울 먹이와 잠자리 찾던
노루 놀라 뛰고 내 가슴 벌렁벌렁
흰 멧돼지 똥 뒷골 꽉 움켜쥐어도
삿된 것 불사른 해 꽃으로 이겼다

[52] 남한산성 벌봉의 13암문으로 나와 왼쪽 길로 내려오면 만나는 자그마한 산. 객산 아래 마애약사여래좌상(보물 981호)과 온조왕어용샘이 있는 선법사가 있다. 객산 전설에 나오는 이천 도드람산은 돝(돼지)울음산에서 나와 저명猪鳴산이라고도 부른다. 효자가 어머니 병을 고치기 위해 밧줄을 허리에 묶고 벼랑에 있는 석이버섯을 따고 있는데 돼지울음 소리가 들려 올라왔더니 밧줄이 거의 끊어질 뻔했다. 돼지울음이 효자를 구했다.

법화사지(法華寺址)[53]

남한산성 전승문 나와 법화골로 백 미터쯤
내려간 곳에서 골짜기 넘어 동쪽마루금
올려보면 벌봉 왼쪽 아래로 소나무 땅기운
듬뿍 받아 수북이 푸르게 자란 곳 보인다
지금은 대웅전 있던 자리와 부도탑 세 개
쓸쓸하게 남아 있는 법화사 자리했던 터
병자호란 때 수원 광교산 전투에서 전사한
청 태종의 매부 양고리(楊古利)장군 이곳에서
죽어 넋을 기리기 위해 절 세웠다는 전설
만들어질 정도로 좋은 명당으로 알려진 곳
바람 잘 날 없어 바람재라고 불리는 능선
가깝고 북서쪽 바라보고 있어도 한겨울에
새봄처럼 따듯하다 바위가 뒤에서 기쏠림
조절하고 내 청룡 내 백호 엄마 품안처럼
포근히 감싸 안는다 그 기운 느꼈음이라
해방되던 해인지 영국이 거문도를 점령한
해인지 아니면 그 전 파란 닭 해였는지
한경혁과 홍헌주 이곳에 와서 고생 함께
나누자는 다짐 바위에 새겼다 그것 봤을
바위와 은행나무 말없이 그저 웃고 섯다

53)법화사지 대웅전 자리 동쪽 비탈 바위에 "同苦韓敬奕 洪憲周 乙酉二月○日^{동고한경혁 홍헌주 을유이월○일}"이라는 글씨가 새겨져 있다. 4353년 3월29일, 풍수학 전문가 김기영 박사가 발견했다. 을유년은 1945년, 1885년, 1825년 등이다. '함께 고생한다'는 '同苦'라고 쓴 것을 보면 두 사람이 무슨 일을 함께 하기로 한 동지 같다. 법화사지가 갖고 있는 명당으로서의 풍수학적 조건에 대해선 김기영 박사의 설명을 따랐다.

무덤[54]

서두른다고 되는 일 아니다
가슴 숨 턱턱 막히는 비탈길
느릿느릿 소 엉금엉금 거북
스승 삼아 발가벗고 지내던
그때 그 소 워낭소리 들으며
바람 벗 삼아 걷는다

마루금 이 꼭대기까지 사람들
오지 않을 것이라고 여긴 건
착각이었다 앞으로 올 창창한 날에
무슨 일이 벌어질진 알 수 없는 것
이름도 없고 주인도 떠나버린 유택幽宅
돌아갔으되 돌아가지 못했다

무덤이건만 무덤의 권위 잃은 무덤
누군가 이 높은 곳 좋은 자리라고
끙끙대며 모시고 와서 정성껏 썼을 텐데
사람이 하는 일이란 내일 알 수 없는 것
인연은 그렇게 끊겼나 보다
청춘남녀 연애처럼 그리 됐나 보다

[54] 남한산성 등산로를 다니다 보면 모습만 남은 무덤을 가끔 마주친다.

성가퀴, 여장女墻[55]

너는 나를 볼 수 없다
나는 너를 볼 수 있지만
볼 수 있음과 볼 수 없음이
싸움터에서 삶과 죽음 가른다

성벽 위에 아담한 굴뚝처럼 보이는
성가퀴, 타垛의 비밀은
타와 타 사이인 타구垛口와
구멍 세 개인 총안銃眼

안에선 타구와 총안으로
공격해 오는 적을 샅샅이 볼 수 있어도
적은 돌벽돌과 흙으로 쌓은
성가퀴에 시야 모두 잃는다

남한산성이 난공불락인 것은
걸어 오르기조차 힘든 비탈에
돌로 성 쌓고 그 위에 여장 만들어
총 활 정교하게 쏠 수 있어서다

[55] 남한산성 여장은 시기마다 다르지만 대체적으로 1940개 안팎이며, 현재는 2010개인 것으로 집계된다. 본성에 있는 것은 대부분 보수한 것이고, 봉암성과 한봉성 구간 구간에 옛모습을 그대로 볼 수 있는 곳이 있다.

세미고개 꿩의바람꽃[56]

한 떨기 잔빙殘氷 아스라이
한 겨울 목 놓아 그리워해도
졸졸졸 흐르는 봄 타고 오는
꿩의 바람꽃 막을 수 없듯

그 바람 속에 우주 다 들어 있다
셋으로 갈라진 잎 세 개로 쌓아
무리 이뤄 서로 도운 땅 길목에서
푸름과 하양 백설기처럼 어울리니

높은 산 스스로 낮춰 저절로 높아지는
역설의 깊은 지혜 깨달은 군자
시냇물 반주와 바람이 전하는 화음에
휘파람 새 살 길 얻은 득도송得道頌 부른다

바람의 신의 사랑 듬뿍 받은 아네모네여
그대는 꽃의 여신, 플로라의 미움 받아
금지된 사랑의 괴로움, 봄의 전령 되어
남한산성 법화골에서 바람꽃으로 부활했구나

56)꿩의 바람꽃(windflower) 학명은 'Anemone raddeana Regel'이고 아네모네의 어원은 anemos(바람). 아네모네는 꽃의 여신인 플로라의 시녀였는데, 바람의 신의 사랑을 받자 플로로가 꽃으로 만들어 버렸다. 바람의 신은 그 꽃을 꼭 껴안고 떠나지 못했다. 꽃말은 '덧없는 사랑, 금지된 사랑, 사랑의 괴로움'. 4353년 3월29일 법화골 골짜기에서 만난 꿩의 바람꽃이 반가웠다. 코비드19에도 불구하고 봄은 오고 꽃은 피었다.

5장
信·中·臨

벽과 문

벽은 나눈다
이쪽과 저쪽, 내편과 네 편 갈라
삶을 죽음으로 이끈다

살림 마련하지 않은 채
오르지 못할 낭떠러지만 믿고
오로지 벽만 쌓았던 어리석음

죄 없는 병사만 죽였다
선량한 백성만 괴롭혔다
소나무 창문이라 불린 그대 종(倧)이여

산 환히 비추려
문 스물두 개 뚫었으되
위와 아래 전후좌우 통하지 못하였구나

죽었다고 갚을까
문 만들어 그 뜻 모른 과오
벽 높이 쌓아 편 편 가른 죄

길 얻지 못하고
결 고스란히 잃어
틈 나날이 키운 씻지 못할 치욕

남한산성 비석군[57]

흥선대원군 이하응 영세불망비가
왜 남한산성 비석군에 서 있을까
서른 개 중 하나도 아닌 두 개나
수어사 겸 광주유수 부윤 군수로
치정과 선정 베풀어 백성들 추념
받았을 까닭도 없을 터인데 어째

나머지 스물여덟 공덕비 주인들도
떳떳하게 백성 돌보고 사랑 베풀어
자발적으로 비석 받았을까 정말로
고혈 짜낸 신관사또 선물이었을까
잘 나간다 물러나랴 뻐기지 마라
말 없다고 백성들 괴롭히지 마라

자랑으로 세운 비석 증거물 되나니
권력과 정치는 길어보여도 짧디 짧고
백성과 역사는 짧아보여도 영원하다
딱따구리 그렇다고 딱딱딱따따따
까마귀 옳다며 까악 깍 까악 깍
잔설도 지지 않고 뽀드득 뽀드득

57) 남한산성 산성터널 지나 지화문으로 가다 오른쪽에 있는 30기의 남한산성 비석군이 있다.

한강방어총사령부

그대 아시는가
남한산성 행궁 안에
신라 문무왕 때 지은 건물 터
길이 53.5m, 너비 18m나 되는
엄청나게 큰 건물 있었던 자취
천삼백 년 땅 속에 살아 있었다는 것

그대 가늠되시는가
그 건물에 쓴 암키와
길이 63cm 무게 20kg으로
조선 기와 4kg보다 5배나 크다는 것
그 기와에 천주天主 글씨 새겨져 있고
그 건물 판축공법 벽 2m나 된다는 것

그대 상상하시는가
신라인 이곳에 25m 높이 주장성 쌓아
밤보다 낮 길어 먹거리 풍부한 이곳에
한강방어 총사령부 강건하게 창설하여
한 머리 먹으려는 20만 당 군대 맞서
단 한 발짝도 내주지 않았다는 사실

해마다 청량산 찾으시는 삼백만 그대
찾아보시는가 이 잊힌 역사의 진실을
들으시는가 빛 찾으려는 땅속 외침을
느끼시는가 한 풀어 달라는 아우성을
그대 아시는가 남한산성 품은 비밀을

만해기념관

님을 거기서 보았습니다
님 거기 계시다는 말 발발이 듣고도
님 그립다 뵙고 싶다 말잔치 하고도

게으른 발걸음 제자리에서 맴돌다가
황금돼지해 가고 흰 쥐해 오는 길목
남한산성 한 바퀴 돌러 갔다가 문득

조선상고사 영환지략 몰래 읽은 님
여든 네 살 님의 침묵 노래하는 님
노랑토끼해 축회갑 송수첩 받은 님

님께서 어서 오라 반겨 주십니다
님께서 와서 깨치라 문 여십니다
님께서 깨쳐 바꾸라 혼 내십니다

날마다 이 나라 비춘 아침 해
그 밝음 그 따듯함 그 살림삶
마니摩尼[58])로 지주砥柱[59]) 되라 손잡습니다

58) 불행과 재난 없애주고 더러운 물
깨끗이 하는 보주^{寶珠}.
59) 황하 돌기둥, 어려운 시기에도 지조를
굳세게 지키는 사람. 마니와 지주가 나오는, 벽초^{碧初} 홍명희가
지은 만해 한용운의 회갑축시^(祝 卍海六十一壽)는 이렇다.
黃河濁水日滔滔^{황하탁수일도도} **千載俟淸難一遭**^{천재사청난일조}
豈獨摩尼源可照^{기독마니원가조} **中流砥柱屹然高**^{중류지주흘연고}
황하 흐린 물 나날이 도도히 흐르니
천년 맑기 기다려도 한번 만나기 어렵네
어찌 마니로 물 근원 홀로 비추겠는가
격류 속 지주처럼 우뚝 솟아 있는데

남한산성 득도송[60]

夢望連峰鄕 몽망연봉향

晝長日出中 주장일출중

鴷鷄鳴覺界 열계명각계

霞感競人紅 하감경인홍

꿈처럼 이어진 봉우리에서 고향 보네

남한산성 해 솟아오르는 바로 그 중에

딱따구리 수탉 울어 세상 깨우는구나

노을 사람 누가 더 붉은지 다투는 때

[60] 4352년 2월 마지막 일요일 만해 한용운의 득도게송의 운을 빌어 짓다. 만해의 득도게송은 다음과 같다.
男兒到處是故鄕 남아도처시고향 幾人長在客愁中 기인장재객수중
一聲喝破三千界 일성갈파삼천계 雪裡桃花片片紅 설리도화편편홍
사나이 이르는 곳 모두 다 고향인데
몇 사람 줄곧 나그네 근심 속에 있네
한 소리 질러 삼천계 깨뜨려 보니
눈 속에 복숭아 꽃 펄펄 날려 붉구나

만해萬海를 위하여[61]

雨春着急人 우춘착급인

晝夜新生期 주야신생기

到處爭先發 도처쟁선발

醉香同樂詩 취향동락시

비 내리는 봄, 사람 몸 달게 해

밤낮 맞춤대로 새로운 생명 낳네

풀과 꽃 여기저기 앞 다퉈 피어나

향기에 취한 시 벗 삼아 즐거워하네

---

[61] 만해 한용운의 한시 '見月전월'을 보고 차운하여 짓다.
見月 전월
幽人見月色 유인견월색 一夜總佳期 일야총가기
聊到無聲處 료도무성처 也尋有意詩 야심유의시
그윽한 사람 달빛을 보니
하룻밤 내내 좋은 때라네
아무 소리도 없는 경지에 이르러
다시 뜻 있는 시를 찾는다네

벽암碧巖 각성覺性대사[62]

달면 삼키고 쓰면 뱉듯
필요하면 쓰고 다 쓴 뒤엔
지푸라기처럼 버림받았는가

청량산 험한 능선 골짜기 따라
성 쌓을 때 팔도도총섭으로 삼아
승군僧軍 동원해 보은천교원조국일도대선사란
기~인 호칭으로 받들어 모시는 척 하더니
병자호란 끝나자 찾지도 않았는가

새로 지은 개원 한흥 국청 장경 남단 동림
천주사, 증축한 옥정 망월사 사르르 없어지듯
벽암 각성대사 영정만 청량당에 더부살이하듯
남아 기억에서 사라지고 있구나

임진 병자 양난 때 승의병 이끌었던 그대
1907년 8월 대한제국 군대 해산당할 때
언제 다시 온다는 기약도 없이 불타버렸구나

[62]벽암 각성대사(1575~1660)는 임진왜란 때 승병을 이끌고 왜군과

싸웠다. 남한산성을 쌓기 시작한 1624년에 팔도도총섭八道
都摠攝이 되어 3년 동안 서북쪽 축성작업을 이끌어
보은천교원조국일도대선사報恩闡敎圓照國一都大禪師란 호칭을 얻었다.
병자호란 때에도 승의병 3000을 모집해 남한산성으로
진격하다 인조의 항복 소식을 듣고 해산했다. 남한산성 쌓을
때 중요한 역할을 한 그의 자취는 현재 수어장대 옆의 청량당에
이회 장군과 함께 영정이 모셔져 있을 뿐이다.

숭렬전崇烈殿[63]

사람도 물이었으면 좋았을 것이다
산 중턱에서 퐁퐁 솟아나는 샘물
아래로 흘러 들판 고르게 적시며
꿩 토끼 벼 콩 사람 넉넉히 키우는
그 물, 사람도 닮았으면 좋을 것이다

온조도 주몽 떠나 위례에 터 잡을 때
끊이지 않는 샘물 영원히 흐르는 강물
스승 삼아 나라 다스리려 했을 것이다
아리수 방패 삼고 주장산 기세에 기대
온 백성이 따르는 곳 만들었을 것이다

그 물은 이천년 넘은 지금도 솟는데
그 물은 바다와 하늘 거쳐 다시 왔는데
그 사람은 오지 않고 숭렬전 주인으로만
문 닫혀 숨 제대로 쉬지 못하는 위패로만
솟아 흐르는 물 지켜보고 있구나

임진왜란 때 왜놈에게 불탄 뜨거움
병자호란 때 떼놈에게 욕본 수치심

일제강점 때 왜놈에게 발가벗겨진

치욕 말끔히 씻어내지 못하고

사람도 물이면 좋겠다고 한탄하는구나

63) 백제를 세운 온조(溫祚)대왕의 위패를 모시는 사당.
원래 세조10(1464)년 충남 직산에 창건됐는데 정유재란 때
불에 타 선조36(10)년 경기도 광주로 옮겼다. 인조4(1626)년
남한산성 축조에 힘쓰고 병자호란 때 전사한 이서(李曙)를 함께
배향하고 있다.

현절사 顯節祠[64]

홍익한 윤집 오달제 삼학사여
그대들 충절은 누구 위한 절개였는가
죽음마저 두려워하지 않고
청과 끝까지 싸워야 한다고
목소리 높인 까닭은 무엇이있는가

항복 반대한 김상헌 정온이여
그대들 충절에 백성들 있었는가
북풍한설에 벌벌 떨고
호병胡兵에 죽어나가는 이 나라
민초들의 아픔 느꼈는가

죽을 때까지 싸우자는 건 떳떳한 일
살아 뒷날 도모하자는 건 비겁한 일
침략 못하게 준비하는 건 당연한 일
당연한 일 대신 떳떳 비겁 다툰 뒤
절개 드러냈다는 건 부끄러운 일

[64] 병자호란 때 청에게 항복하기를 끝까지 반대하다 포로로 잡혀가 참형당한 삼학사(홍익한 윤집 오달제)와 김상헌 정온을 배향하기 위해 남한산성 안에 세운 사당.

중용 中庸

夏秋種正心 하추종정심
天地咸交中 천지함교중
汝我志同學 여아지동학
至誠仁善庸 지성인성용
性相應敎和 성상응교화
乃得勇知從 내득용지종
身德九經道 신덕구경도
愛人弘益隆 애인홍익륭

여름 가을 사이 올바른 마음 씨 뿌렸지
하늘 땅 함께 느껴 사귀는 가운데에서
너와 나 모두 뜻 하나로 중용 배우고
지극한 정성으로 어짊과 착함 떳떳하네
각자 성품 서로 응해 가르침 화합하고
자연스레 용기와 지혜 얻어 따르게 되니
몸으로 얻은 구경대법으로 나라 다스리고
사람 사랑 널리 이롭게 하는 법 융성하네

연무관演武館 65)

지나간 과거는, 잊힌 역사는
소리만 남아 텅 빈 마당이었다
오백 살 넘은 느티나무 두 그루
버거운 듯 아슬아슬하게 세월
등에 지고 가슴에 품고 게으른
하품 하며 졸고 있는 너른 마당

말없음은 전염되고 있었다
마당 아래는 시끌벅적했던 성내장
송파장 수원읍장 이어 한강남부 교역
중심지였다는 팻말은 슬픔이었다

마당 한쪽 구석에 보일 듯 말 듯
이아터貳衙址 표지석 만큼 아픔이었다
행정관청 중심지로 제승헌이라 불렸던 곳
그날 병사들 함성소리에 질리고 질렸던 듯
눈만 멀뚱멀뚱 뜨고 그날 그리워한다

그 옆 남한산성초등학교엔 마을이 있다
123456학년은 꽃나무산들강하늘 마을

유치원은 별마을이다 아기자기한 교정에
이순신 장군 동상이 서 있는 게 이채롭다
이곳 빛낸 인물도 꽤 많았을 텐데…

65) 조선 시대 병사훈련장이다. 500년 넘은 느티나무가 인상적이다. 그 아래가 성내장이 열렸던 곳이고 그 뒤편이 이아터였다. 왼쪽에 남한산성초등학교가 있다.

침괘정 枕戈亭 [66]

枕戈亭이라 쓰고 침괘정이라 부른다
戈과는 과인데 왜 굳이 괘라고 읽는지
그 사연 아는 사람 아직 만나지 못한다

정조와 서명응 사이의 수수께끼 같은 문답
실록 일성록 승정원일기에 실려 있을 뿐
이곳에 무엇이 있었는지조차 안개 속이다

온조왕 때 왕궁이 있었다는 입소문과
가시덤불 속에서 찾아낸 백제 때 절로
한 때 무기제조창이 있었다는 기록이
얽히고설켜 다양한 상상을 낳는다

병자호란 때 벌봉과 검단산에서 쏜
청나라 홍이포탄이 행궁에 날아들자
인조가 이곳으로 피신한 적 있다니
땅 속 깊이 묻힌 유물 말 할 날 기다린다

[66] 행궁 오른쪽, 종각 뒤편 언덕에 있다. 이곳이 무슨 용도의 건물인지 여러 가지 추측만 나돌 뿐, 정확한 고증은 훗날 그 사람을 기다리고 있다.

우물[67]

물은 생명이요
우물은 삶의 터전
사막엔 풀 한 포기 자라지 못해도
질척질척한 곳엔 온갖 생명 꿈틀댄다

청량산 수어장대 바로 아래
우익문 가는 길 국청사 옆
온조왕 모시는 숭렬전 왼쪽
하늘 땅 생명 모여 솟는 샘

바람은 물이 되고
물은 땅으로 흘러
팔십 우물과 마흔다섯 연못
넷 개울 되어 여덟 물레방아 돌렸다

높은 서쪽에서 낮은 동쪽으로
흐르고 흘러 넉넉한 대지 적시며
남한산성 살아 숨 쉬는 삶 가꾸고
동문 옆 수문 지나 경안천慶安川으로
한강으로 갔다 비 되어 돌아온다

[67] 남한산성에는 우물 80개, 연못 45개, 시내 네 개, 물레방아 8개나 될 정도로 물이 많아 천연요새의 요건을 두루 갖췄다.

대한독립만세운동

그해 기미년 3월26일
광주 성남 송파 하남 잇는
남한산성에 대한독립만세 함성 터졌다

낮에는 태극기 휘날리며 독립 요구하는 평화시위
밤에는 성벽에 봉화 올려 횃불 밝히는 위세시위
일제의 총칼에 몽둥이로 관공서 치는 무력시위

삼백년 전 청나라 대군 몰려왔을 때 싸운 그 얼
을미왜변 단발령 때 국모國母 원수 갚았던 그 의병
그 얼 그 의병 이어받아 항일투쟁 깃발 높게 올렸다

탑골공원에서 터져 나온 이천만 겨레의 독립만세
손에서 마음으로 발에서 머리로 이어지고 이어져
봄날 한꺼번에 솟는 들꽃처럼 삼천리 한 바다 되었다

그날 해보다 더 뜨겁게 타오른 그 열정
그날 일제 간담 서늘하게 했던 그 애국
아들에서 손자로 이어져 대한통일만세 부른다

하늘도 축복 내렸음이라
황금돼지 해 삼월 마지막 날
떡가루 누리 뿌려 놓았음은

땅도 그 뜻 받았음이라
떨어지려는 따스함 받들어
싸늘한 바람 누그러뜨림은

사람도 그 소리 들었음이라
열서너 여드름 꿈 덩이들
북 장구 징 꽹과리 신바람은

남한산성 행궁 터 앞 광장
철부지 눈 바람 휘날림 뚫고
백년 만에 울려 퍼진 대한독립만세

그 함성소리 성문 밖 학교
학생들 타고 성남 서울 군산으로 흘러
대한통일 감동 해 달 하루 앞당긴다

벗 구름[68]

벗은 구름이다
내 마음에 맞춰 바꿔준다
제 할 일 모두 제쳐두고
버선발로 뛰어나온다

내가 외로울 땐
슬그머니 다가와
눈부신 해 살짝 가리고
부드러운 미소 나눠준다

벗은 새털구름이다
이리저리 갈리고 찢긴
내 가슴 따라 머리카락
풀어 헤친다 같이 놀자고

벗은 뭉게구름이다
새봄 첫날 새 꿈 가없이
뭉게뭉게 피어오르라고
슬금슬금 꼬드긴다

벗은 먹구름이다
천둥 번개 잔뜩 몰고 와
한바탕 씻김굿 해준다
화들짝 놀라도 참 고맙다

먹 새털 뭉게 구름
벗 있어 당당히 외친다
코비드19 어서 물러나라고
파란 봄 하늘 온 마음으로 맞이하라고

68) 위례공원에서 맞이한 '친구름공원' 앞에서
벗을 생각하며 짓다.

행궁[69]

남한산성에 가면
왠지 발걸음이 닿지 않는 곳 있다
병자호란 때 인조가 파천해서 마흔일곱 날
곤궁하게 지내던 곳, 행궁

멀쩡한 광해군 내쫓고
허울뿐인 숭명반청 목소리 높이다
백성들 삶보단 자기들 권력 지키려
왕권 유지하려 항복 결정했던 곳

그런 왕일망정 우리 임금이라서
엄동설한에 부들부들 온몸 떨면서
목숨까지 바쳐야 했던 민초들의 한
하소연조차 하지 못했을 그 응어리

그 먹먹함 달랠 길 없어
이름 없는 병사들 땀과 피 흘렸을
성벽 비탈길 오르내리면서도 행궁엔
갈 수 없었다 그래도 두세 번 갔다

아직도 땅 속 깊이 묻혀 있을

백제 고구려 신라와 고려 자취를

그보다 훨씬 전부터 터 잡고 살았을

배달겨레의 삶의 숨결 느껴 보려고

69)남한산성 행궁은 인조2년(1624) 서장대(수어장대) 아래쪽에 착공해 1626년에 완공했다. 인조는 1636년 12월14일 남한산성으로 피난해 1637년 1월30일 창경궁으로 나아갈 때까지 이곳에 머물렀다. 다른 행궁과 달리 종묘사직에 해당되는 좌전우실이 있다. 일제강점기 때 파괴됐다가 2011년에 복원돼 2012년부터 일반인에게 개방되고 있다.

정명수를 위한 변명

나를 조선 사람이라 부르지 마라
그해 1635년이 넘어가 1636년으로 바뀌던
혹독하게 추웠던 그 겨울
잘난 인조(仁祖)와 목소리 큰 양반들
허겁지겁 남한산성으로 백성 내팽겨 치고
도망갔던 그 모진 겨울

용골대 따라온 역관 정명수
목소리만 큰 영의정 김유 인조반정 최고 공신에게
정수리 꽂힌 한마디 던졌다
청의 앞장이 되어
김유 김상헌 최명길 인조보다 더 높은
호가호위(虎假虎威) 누렸다

사람이 사람 아닌
사는 게 사는 것 아니었던 그 시절
언제 어디서 태어났는지도 모를
누가 정명수에게 손가락질 했을까
외려 만주 말 배우지 못한 것
한(恨)스런 사람 많지 않았을까

나라 있고 임금 있는 건 민초民草들
배부르고 등 따습게 해주는 것
죽을 곳에 밀려서도 그저 입만 살았던 소인
수십만 화냥년 만들고도 난 깨끗하다던 비겁
그 서인西人 그 노론老論
그 지긋지긋한 양반

정명수 손가락질하기 전에
정명수 처단한 이사용에게 박수치기 전에
이래서 나으리들 믿지 않는다는
대장장이의 말 뼈 속에 묻고
전화戰禍 스스로 자처한 일
백성에 삼배구고두 드리고 사과하거라

난공불락 남한산성

남한산성에 올라 보라
승용차나 버스 타고 부~웅 오르지 말고
동서남북 수십 갈래로 나 있는 등산로[70],
가파른 산길 따라 가슴으로 올라 보라

거친 숨소리 내쉬며
알밴 종아리 장딴지 두드리며
비탈길 올라보면 금세 알리라

한니발 조자룡 카이사르 나폴레옹
함께 몰려와도 빼앗기 힘들다는 걸
안시성과 진주성, 그리고 행주산성처럼
인화人和 이뤘다면 홍타이지에게 삼배구고두
치욕 절대 겪지 않았을 거라는 걸

하늘이 준 지리地체 살리지 못한 건
군사쿠데타로 정권 잡은 능양군 이종李倧,
이렇다 할 대비책 마련하지 않은 채
숭명반청 이데올로기에 푹 빠졌던 탓

가슴으로 오르고 무릎으로 내려오면

남한산성 마루금과 골짜기에서 우는

눈물 들으리라, 그날 허망하게 죽은 넋

그날 하릴없이 무너진 얼, 통곡 보리라

70)남한산성에 이르는 길은 수없이 많다. 우선 남쪽에서는 분당 영장산-갈마치고개-이배재-망덕산-검단산 마루금 통해 오르는 길과 지하철 8호선 산성역과 남한산성역에서 오르는 길이 있다. 서쪽에서는 마천동 3315번 종점에서 오르는 3가지 길이, 북쪽에서는 이성산성 쪽에서 금암산을 통해 연주봉으로 오르는 길과 덕풍골에서 전승문(북문)으로 오르는 길이 있다. 동쪽에서는 객산 등산로를 통해 벌봉으로 이르는 길과 노적산-약사산-약수산-한봉-남한산으로 이르는 길이 있다. 이밖에도 수없이 많은 등산로가 있다.

기둥

너는 우리 집의 기둥[71]이다
나라의 튼튼한 대들보[72] 되어라

기둥과 들보 되라는 것은
기둥과 들보가 하는 일
제대로 알지 못하고 하는 말

밤낮 없이 한데서
한 숨도 쉬지 못하고
무거운 집 오롯이 떠받치는
간난신고艱難辛苦 견뎌보라 하라

그런 어려움 하나도 겪지 않고
높고 따듯한 곳에서 번쩍번쩍 빛나
권리만 챙기는 마룻대여

네가 기둥을 아느냐
네가 들보를 알겠느냐

71) 주춧돌 위에 세워 집을 떠받치는 수직 구조물.

72)지붕틀을 받치기 위해 기둥이나 벽체 위에 수평으로 걸친 나무나 철재. 도리와는 ㄴ자, 마룻대와는 +자 모양을 이룬다. 참고로 도리는 서까래를 받치기 위해 기둥과 기둥을 건너서 위에 얹는 나무이다. 도리 가운데 가장 꼭대기, 천정 한가운데에 있는 것을 종도리(마룻도리, 마룻대는 동棟)라 하며, 종도리를 올리는 것을 상량上樑이라 한다.

종시

몽촌夢村토성[73]

길 하나 사이로 이쪽과 저쪽
차안此岸과 피안彼岸처럼 다르다
맛 소리 빛 냄새 말투 걸음걸이
이천년 시공간 차이가 얼마일지
육백 살 은행나무도 가늠 못한다

몽촌이라, 몽촌이 무슨 뜻일까
토성 안에 있던 마을 이름이 곰말
곰은 꿈이요 말은 마을, 꿈꾸는
꿈같은 꿈 살아있는 꿈마을 어디
가고 왜 굳이 몽촌이 돼야 할까

흙으로 쌓은 토성이라 깔보지 마라
저절로 이루어진 마루금 따라 있는
그대로에 판축 덧대니 돌로 쌓은
석성보다 더 강하고 안정적이다
백성 덜 힘들게 하라 뜨거운 애민

멀지 않은 남한산성 믿음직하고
성 밑 흐르는 성내천 해자 된다

위아래 함께 잘 살던 한성백제
온조왕에서 근초고왕으로 이어진
역사 남한산성에 새 생명 부른다

73)서울올림픽 경기장을 짓기 위한 건축과정에서 발견된 한성백제시대 흙으로 쌓은 성. 올림픽공원 안에 비교적 잘 보존돼 있다. 남한산에서 뻗어내린 자연 구릉을 이용해 구릉이 낮거나 끊긴 부문만 판축기법으로 쌓았다. 성안 면적은 13만6000여평, 성벽 전체 길이는 2383m, 높이는 6~35m다. 몽촌토성의 성격에 대해선 아직까지 정설이 확립돼 있지 않고 있다. 풍납토성과 석촌동 적석총 및 남한산성과의 연관성을 고려한 많은 연구가 필요하다.

〈평설〉

100편의 시가 펼치는 남한산성의 역사와 풍광의 파노라마

심상운(시인. 문학평론가)

1

　덕산 홍찬선의 시집 『꿈—남한산성 100처處 100시詩』에 펼쳐지는 남한산성南漢山城에 관한 시편들을 읽으며 필자는 그의 열정과 탐구력과 젊은 감수성에 감탄하지 않을 수 없었다. 그리고 2014년 6월 유네스코세계문화유산으로 등재된 남한산성에 대해 새로운 인식을 하게 되었다.
　그는 이 시집의 '서문'에서 "남한산성은 아주 커다란 공입니다. 무한한 상상력 덩어리입니다. 어느 쪽에서 보느냐에 따라 다른 모습을 보여줍니다. 어떤 눈으로 보느냐에 따라 전혀 다른 세계가 펼쳐집니다. 21세기를 준비하는 우리들에게 많은 것을 생각하게 합니다. 세계를 이끌어 갈 문화강국을 만드는 우리들에게 엄청난 아이디어를 제공합니다."라고 하면서 조선 인조 때의 병자호란 삼전도三田渡 치욕의 틀에 갇혀 있는 독자들의 역사인식을 지적하고 있다. 그것은 역사적 사실과 유적을 세계적인 시각으로 파악하고, 미래지향적인 사고를 가져야 한다는 것을 의미한다. 그리고 일제의 식민사관이 주는 민족적 패배의식敗北意識에서 벗어나야 한다는 것을 말하고 있다. 그런 그의 견해는 민족의식의 관점에서 매우 긍정적으로 수용되고 공감되었다.

남한산성의 역사를 추적해보면 삼국시대 백제 시조 온조왕이 세운 하남위례성이라는 설도 있고, 최근 발굴 조사 결과, 8세기 중반 조성된 성벽과 건물터 등이 확인되어, 신라 문무왕 때의 주장성晝長城 혹은 일장성日長城의 옛터였을 것으로 추정되고 있다. 조선시대에는 북한산성北漢山城과 함께 한양의 방어를 위하여 전국 8도의 승려를 동원하여 허물어진 성벽과 내부 건물들을 축조하였다고 한다. 그래서 승려들의 거처를 위해 산성 안에 7개의 절을 지었는데, 다른 절들은 일제 강점기 때 없어지고 지금은 장경사長慶寺만 남아 있다고 한다.

남한산성의 전체 구조는 임금이 거처할 행궁行宮 상궐上闕과 하궐下闕과 종묘를 모시는 좌전左殿, 사직을 모시는 우실右室과 빈객을 모시는 인화관人和館(客館), 관청으로 좌승당坐勝堂, 일장각日長閣·수어청守禦廳,·제승헌制勝軒 등과 군사기관으로 비장청裨將廳·교련관청敎鍊官廳·기패관청旗牌官廳 수어장대守禦將臺 등이 있다.

남한산성은 조선조 말 의병활동의 거점으로 역사에 다시

등장하였다는 기록이 있다. 을미사변(명성황후 시해사건) 후 봉기한 경기 의병義兵들이 이천 의병과 연합하여 남한산성에서 한양 진군을 준비하였으나 밀고密告에 의해 실패하였다고 한다.

  필자는 이런 역사의 사연들과 밀접하게 연결되는 시편들이 '시와 역사적 사실과의 결합'이라는 관점에서 주목되었으며, 산성의 자연 풍광을 서정시로 펼쳐 보이는 홍찬선 시인의 신선한 젊은 감성에 시적 감흥感興을 함께하게 되었다. 그래서 그의 100편의 시가 펼치는 남한산성의 역사와 자연 풍광의 파노라마 속으로 들어가는 즐거움을 누리며 나름대로의 관점에서 평설을 쓰기로 하였다.

2

  전체 5장으로 구성된 시집에서 먼저 1장 〈인仁 동東 복復〉의 시편들 중 첫 시 「남한산성」을 음미해 본다. 시인은 양편으로 갈라진 조국의 현실을 걱정하며 남한산성의 수어장대에 올라서 거친 역사의 흐름 속에서 늠름히 버텨 온 조상들의 정신과 업적을 상상하고, "남한산성은 편 가르기 질책하는 배움터/ 상상력 뿜어내 문화대국 창조하는 부활의 생명/ 이천년 성벽에, 21세기 대한 살길 꼼꼼히 새긴다"라고 노래하고 있다. 이 시는 조국의 현실을 뚫고 나갈 에너지가 어디서 오는가를 열정적인 산문의 언어로 독자들에게 전달하여 감동을

주는 시로 읽힌다. 그래서 이 시집을 대표하는 시로 인식된다.

조국이 하루하루 흔들릴 때마다/ 머리 들어 남한산성을 바라보고/ 두 발 내딛어 수어장대에 올라라// 이곳은 길고 밝고 고르게 비추어/ 배달겨레 피눈물 닦아주는 곳/ 하늘 처음 열리고 땅에 생명 생겨나/ 우리 조상들 꽃과 나무와 동물들/ 함께 이울려 살던 그때부터// 온조대왕 위례성에 터 잡아/ 영장산까지 휘달려 사냥하고/ 김유신 장군 주장성 높게 쌓아/ 당나라 군대 저 멀리 만주로 몰아낸/ 아름다운 역사 차곡차곡 쌓은 이곳// 한봉에 해 오르면 새 싹 퐁퐁 돋아나고/ 청량산에 달 뜨면 새 꿈 솔솔 피어나고/ 천주봉에 님 비치면 그 분 말 타고 오고/ 연주봉에 별 속삭이면 모두 함께 하나 되고/ 있을 것 모두 갖춰 배 두드리며 살던 이곳// 병자년 호풍에도 임금 자리만 지킬 수 있다면/ 국토 빼앗겨도, 형제 아들 포로 보내도,/ 딸과 부인 화냥년 돼도, 백성들 배 굶주려도/ 다 괜찮다는 비겁, 무책임, 역사에 대한 반역/ 깨지고 무너진 성벽, 하나하나 기억하고 있다// 칼바람 지나면 들꽃 흐드러지게 피어나고/ 산새들 축가 들으며 햇볕 땅속에 저장하고/ 국청사 염불소리에 천사 맞는 눈보라/ 그날의 치욕, 소나무에 빼곡하게 새겨놓았다// 그날의 죽음 헛되지 않아/ 그날의 기억 들불처럼 살아 망나니 큰 도적, 조선 삼키려할 때/ 을미 정미 의병 깃발 드높이 올렸다// 그 얼 이어받은 남한산성/ 3.1대한독립만세 힘차게 외쳤다/ 그 얼 이어받아 유네스코 세계문화유산 울렸다// 남한산성은 편 가르기 질책하는 배움 터/ 상상력 뿜어내 문화대국 창조하는 부활의 생명/ 이천년 성벽에, 21세기 대한 살길 꼼꼼히 새긴다 ─「남한산성」전문

「노루귀」는 시인이 코로나19로 답답한 봄을 보내고 있는 독자들에게 보내는 새봄맞이 메시지로 읽힌다. 겨우내 참고 있다가 눈 헤치고 남한산성 좌익문 옆 시구문 밖 양지쪽에 피어나는 새 봄맞이 노루귀 꽃. 그 꽃은 독자들에게 봄을 기다리지만 말고 봄을 찾아 스스로 행동해야 한다는 적극적인 삶의 활력을 일깨우고 있다.

그냥 스칠 뻔 했다/ 자세히 봐야 슬그머니/ 못이기는 척 하며 눈에 들어온다// 겨우내 숨죽이고 참은 인내/ 눈 헤치며 산비탈 양지에서/ 봄 왔다고 미리 알려주는 너/ 봄이 언제 오느냐고 보채고/ 봄 오지 않는다 투덜대지 않는 너// 남한산성 좌익문 옆 시구문 나가/ 졸졸졸 시냇물 소리에 얼 뺏겼다/ 바스락거리는 낙엽 사이로 문득/ 외로운 듯 수줍은 듯 인사하듯// 문득 고개 들어 웃는 너/ 봄은 구들에서 뒹굴뒹굴 기다리지 않고/ 들에서 산에서 찾는 것이라고 속삭이는 너 –
　「노루귀」 전문

「설연화雪蓮花」에서 '설연화'는 이른 봄 눈 속에 노랗게 피는 꽃으로 얼음꽃이라고도 한다. 시인은 이 꽃을 철학자와 선각자先覺者에 비유하고 있다. 선각자는 어두운 현실 속에서 미래의 빛을 보는 깨어있는 사람이다. 시인은 통일된 민족의 봄을 예지豫知하고 기다리는 마음을 이 시에 담은 것이라고 생각된다.

이른 봄에 피는 꽃은/ 꽃샘추위 이겨내고 꽃망울/ 방긋 터뜨리는 봄꽃은/ 철학자다 차디찬 눈/ 무겁고 단단한 흙덩이/ 차마 떨쳐내고 가까스로/ 바람에 온 몸 맡긴다// 앙증맞게 향기 없이/ 피는 봄꽃은 선각자다/ 나뭇잎 돋아나기 앞서/ 벌 나비 깨 일어나기 앞서/ 흔들리고 흔들리며 핀다/ 영원한 행복 나눠 주려/ 추억 먹고 얼음 꽃으로 핀다 ─「설연화」전문

「봉암성蜂巖城」에는 남한산성이 유네스코 세계문화유산으로 등재된 사유가 봉암성에 있음을 알려주고 있다. 한봉성, 신남성과 함께 남한산성의 외성外城 가운데 하나인 봉암성은 숙종12년(1686)에 새로 쌓은 산성이다. 병자호란 때 청군이 수어장대보다 높은 벌봉을 점령해 행궁을 향해 홍이포紅夷砲를 쏘아서 남한산성을 위기에 빠뜨린 사연이 지난 역사에 대한 반성과 함께 조국의 미래를 성찰하게 하는 시로 읽힌다.

그대 남한산성의,/ 세계문화유산의 참모습/ 보고 싶다면 봉암성으로 가라// 그대 봉암성이/어디 있는지 모른다면/ 동장대 옆 12암문 찾아라// 그대 봉암성에/ 왜 가야 하는지 궁금하면/ 그저 말없이 가서 느껴라// 굳세게 서 있다 지쳤는지/ 여기저기 허물어진 성벽/ 거의 찾아보기 어려운 여장女墻/ 옛 모습 그대로에 진실이 있다// 봉암성 동쪽 끝 벌 바위 봉우리/ 올라 수어장대 바로 아래 바라보라/ 무엇이 보이는가, 행궁을 찾았는가// 병자호란 때 이곳 점령한 청 태종/ 행궁 향해 홍이포 마구 쏘았다// 벌봉 가치 뒤늦게 안 숙종/ 50년 뒤 2120m 봉암성 쌓았다 ─「봉암성」전문

「남한산에서」는 독자들에게 병자호란의 현장을 상상하

게 한다. 그리고 산의 울음을 통해 당시 전장에서 죽은 병사들의 혼령을 위무하는 시인의 처연한 마음을 느끼게 한다. 그것은 이 시에서 "남한산이 운다" "남한산이 휘잉 운다" "남한산이 휘이잉 흐느낀다"는 감정이입感情移入이 만들어내는 점층 효과라고 생각된다.

  남한산이 운다/ 잠실벌 휘달리고 청량산 거침없이 뛰어 넘은/ 호풍胡風, 잎사귀 모두 떨어낸 나뭇가지 두드려/ 동남쪽에서 다가오는 봄 막아내지 못하는 것/ 스스로의 힘으로 어쩔 수 없는 것 하소연하듯// 남한산이 휘잉 운다/ 예봉산 팔당대교 아래로 멈춘 듯 소리 죽여/ 흐르는 한가람, 지켜보는 검단산 용마산 너머/ 용문산까지 한 눈에 바라보면서 함께 못한 것/ 그날의 아픔 풀어주지 못한 것 뉘우치려는 듯// 남한산이 휘이잉 흐느낀다/ 이름마저 잃어버린 무관심이 서운한 듯/ 파란 하늘 산책하는 흰 구름 부러운 듯/ 코비드19에 주눅 든 사람 안타까워하는/ 그날 스러져간 병사들의 채찍질 넋인 듯 ㅡ「남한산에서」전문

  「벌봉 약수터」는 병자년 당시 밭을 일궈 농사짓던 주민들을 생각하며 샘터에서 바가지로 물 떠 마시는 시인의 모습과 맑은 샘물이 솟아나는 벌봉의 봄 풍경의 정서가 독자의 마음을 정겹게 끌어들인다.

  벌봉에 사는 토끼 사~알~짝/ 물 마시러 잠깨러 오는 곳인지// 그날 그분들, 손바닥 닮은 땅/ 땀으로 일궈 삶 꾸렸을 모퉁이에/ 작은

샘 하나 이야기 담듯 퐁퐁 솟는다// 하늘도 구름도/ 낯선 얼굴마저도/ 보여주지 않아 삐졌는지/ 빼꼼히 들여다보고 그냥 가다// 졸졸졸 꼬임에 다시 돌아와/ 바가지 한 모금/ 맑게 마신 물// 꽈~악 찬 믿음으로/ 지친 발걸음 깡충깡충 뛴다 -「벌봉 약수터」전문

2장 〈의義 서西 고蠱〉의 시편들 중 첫 시「수어장대」를 읽어본다. 수어장대는 남한산성을 상징하는 역사적 유적으로 알려져 있다. 시인은 "청량산 가장 높은 기상 잃지 않아/ 땅 이로움으로 호병 막아냈다는 것"이라고 수어장대를 찬양하면서 임금 자리 보전하기 위해 민초들 버리고 삼전도에서 청 황제에게 삼배구고두한 인조를 비판하고 있다. 그 비판은 현재의 정치 성향과 연결되기도 한다.

사람은 가도 역사는 남는다/ 역사는 흘러도 돌은 새긴다/ 가슴 따듯한 사람은 느낀다/ 눈 밝고 귀 맑은 사람 안다// 북풍한설 세게 몰아치던 그날/ 연못 물 모두 슬슬 빠져나갔어도/ 청량산 가장 높은 기상 잃지 않아/ 땅 이로움으로 호병 막아냈다는 것// 곤궁해도 그 형통함 잃지 않을 자리/ 입 숭상하고 말 많아 믿음 없어졌으니/ 목숨 다 바쳐 뜻 이뤄야 할 지도자들/ 민초 버리고 삼배구고두 치욕 받았다는 것// 해 많이 낮 길게 이어지는 이곳/ 멋진 시월 보내려 구름 마실 가고// 하늘 할 말 많아 파랗게 물들여/ 무망无妄루 단풍 붉지 못하고 말랐다는 것 -「수어장대」전문

두 번째 시「토지측량삼각점」은 수어장대와 청량사 사이에

박혀 있는 양지아문 측량기점 삼각점의 표지석標識石을 증거로, 대한제국이 근대적 토지측량을 한 사실과 일제에 의해 토지측량이 중단되고 자립경제의 토대를 잃게 된 역사적 사실을 증언하고 있다. 시인은 자신의 감성보다 이성의 언어로 역사의 진실을 밝히고 있어서 객관적인 공감을 주고 있다.

아주 소중한 역사가/ 남한산성 수어장대와 청량사 사이에/ 잊힌 채로 껌뻑껌뻑 숨 쉬고 있다// 대한제국 양지아문이 근대적 토지조사 위해/ 세운 측량기점 삼각점,// 1899년 6월부터 1904년 1월까지/ 전체의 3분의 2인 218개 군에서 양전量田/ 이루어져 토지소유제인 지계地契권 기틀 마련됐다// 1904년 2월 불법적 갑진왜란 일으킨 일제/ 양전 지계사업 강제로 중단시켰다/ 대한제국 꿀떡 삼키려면 경제자립 막고/ 경제자립 막으려 토지 강탈했다는 사실// 양지아문 측량기점 삼각점이/ 잊지 말라며 작지만 꼿꼿하게 호소한다/ 일제의 토지조사사업 훨씬 전에/ 스스로 양전사업 했다는 것 분명하게 알라고/ 겨울 견디고 밤새워 읍소한다 ㅡ「토지측량삼각점」전문

「청량당淸凉堂」은 이회의 영정을 모신 청량당을 소재로 한 시로, 이회와 그의 부인에 관한 이야기가 슬픈 울림을 주고 있다. 남한산성 성곽을 보수하는 임무를 맡은 이회 장군이 공금횡령이라는 누명을 쓰고 참수당한 것과 공사자금을 모금해오던 그의 아내가 세밭나루를 건너다가 남편의 참수소식을 듣고 강물에 몸을 던졌다는 슬픈 사연이 중심을 이루는 이 시는, 이회가 참수당한 후 그의 목에서 매 한 마리 날아오

르고 그 매가 앉았던 바위를 매바위 라고 하는 설화가 진실의 의미를 느끼게 한다.

　진실은 비극이다/ 억울한 죽음 뒤에야 밝혀진다/ 자기 할 일 제대로 하면 되는데/ 남 잘되는 꼴 참지 못하고/ 못된 고자질로 살 맛 찾는다// 이회 장군은 전설이 됐다/ 남한산성 동남쪽 튼튼히 쌓느라/ 받은 공사비 모자라 기한 넘기고/ 공금 횡령, 탕진했다는 무고 받아/ 수어장대 마당에서 참수형 당했다// 그는 한 마디 매로 남겼다/ 내가 죽기는 하지만/ 내가 죽은 뒤 잘잘못 알 것이다/ 그의 목에서 매 한 마리 날아와/ 군중 쏘아보고 매바위에 앉았다 사라졌다// 그의 부인 송씨와 첩은/ 삼남지방에 가 모자라는 축성자금 모아/ 세밭나루 이르러 이회 장군 처형됐다는/ 소식 듣자마자 강물에 뛰어들었다/ 청량당 지어 넋 달랬으나 엎어진 물이었다 ─「청량당」전문

　3장 〈예禮 남南 관觀〉에서는 먼저 남한산성과 직접 관련된 「신남성新南城」을 읽어 본다. 남한산성을 옹위하는 외성으로 축성된 신남성은 검단산 봉우리에 통신용 안테나가 세워지고 접근금지지역이 되어 돈대墩臺까지 가 볼 수 없는 현실을 "역사는 이렇게 다시 쓰린가 보다/ 안보와 편리에 역사가 패배했다"고 시인은 한탄하고 있다. 남한산성 전체가 유네스코 세계문화유산으로 지정되었다는 점에서 신남성 돈대의 훼손을 걱정하지 않을 수 없다.

　혹시나 했더니 역시나였다/ 남한산성 남1옹성에서 동쪽으로 보이

는/ 검단산 봉우리 3개, 가운데 통신용안테나/ 있는 곳에 신남성 있다는 얘기/ 간다고 갈 수 있을까 의심들었다// 가는 길은 못미더움 투성이었다/ 눈대중으로 겨우 찾아 가니 울화통이었다/ 철문 굳게 닫히고 철조망 사이로 돈대(墩臺) 벽만/ 애처롭다 신남성 동돈대 통신안테나 세우면서/ 원형 많이 훼손됐다는 표지석이 울고 있다// 검단산 가장 높은 봉우리에 있던/ 서돈대는 부대가 자리 잡고 있어/ 아예 접근 자체가 어렵다 아팠던/ 역사는 이렇게 다시 쓰린가 보다/ 안보와 편리에 역사가 패배했다 ─「신남성」전문

「남1옹성 달래」는 남한산성을 탐사하던 시인이 남1옹성 동쪽 벽 돌 틈 사이에 핀 성벽 돌 틈에서 탐스럽게 자라고 있는 달래를 발견하고, 그 반가움을 서정시로 표출한 시인의 예민한 감성이 울림을 주고 있다. 무인각석(戊寅刻石)은 1638년 남한산성 남1옹성 수축을 담당한 감독관 목수 장인의 이름을 새긴 돌로, 모두 105자가 기록되어 있는 돌인데 글자는 상당히 마모됐다고 한다.

전혀 뜻하지 않은 곳에서/ 너를 만나니 참 반갑구나/ 남한산성 남1옹성 동쪽 벽/ 돌 틈 사이에 머문 한 줌/ 흙에 씨앗 떨어져 귀한 물/ 알뜰살뜰히 품고 머금어/ 문득 기적 만들어 냈구나/ 코흘리개 시절 이맘때쯤/ 파릇파릇 밭둑 물들이는/ 새 풀 사이를 공주인 듯/ 도도하게 톡 쏘는 알리신/ 듬성듬성 자른 간장 함께/ 보리밥 게 눈 감추듯 쏙/ 해치우는 착한 밥도둑, 무인각석(戊寅刻石) 찾으려다/ 너를 만난 건 반백년만의 마른 김 한 장 행복이다 ─「남1옹성 달래」전문

4장 〈지智 북北 수隨〉에서 첫 시 「전승문全勝門」은 모든 전투에서 이겼다는 문의 이름과 달리 법화골 전투를 주장한 김유의 말에 따라 300명의 정예군이 "북문 열고 청군 포위 뚫으려 나갔다/ 모두 죽는 참패당한 북문"에서 시인은 당시 죽은 병사들의 원혼冤魂의 말소리를 상상 속에서 들으며 입만 살아 있던 김유를 비판한다. 그리고 "북문은 봄여름 갈 겨울 늘 춥다"라고 탄식하고 있다. 그래서 시간의 경계를 넘어서 애상哀傷에 젖는 시인의 마음이 은은한 울림으로 전해온다.

이름은/ 진실을 얼마나 안고 있을까/ 모든 싸움에서 이겼다는 전승문/ 남한산성 북문에서 벌어진 전투/ 싸울 때마다 승리했을까// 이름은/ 희망을 절실히 품고 있을까/ 병자호란 때 삼백 정예병 끌고/ 북문 열고 청군 포위 뚫으려 나갔다/ 모두 죽는 참패당한 북문// 이 문 밖은 맨몸으로도/ 무릎 바늘로 찌르듯 아픈 비탈길/ 한강 나루에서 내린 쌀, 무거운 세미稅米/ 등에 지고 땀 뻘뻘 흘려 올랐다/ 그날 이 나라 착하디착한 백성들/ 그날 법화골 전투 주장한 김 유/ 그날 이 문밖에서 원혼冤魂된 병사들 죽어가면서 외친 말 들었을까/ 입만 살고 귀와 가슴은 죽었을까/ 북문은 봄여름 갈 겨울 늘 춥다 ─「전승문」 전문

「온조대왕 샘」은 경기도 하남시 교산동 객산客山 아래에 있는 선법사善法寺 안 마애약사여래좌상 옆 온조대왕 어용샘을 소재로 "온조대왕 위례성에 터 잡고/ 검단산에서 하늘에 제사지내려/ 오고 갈 때 맑고 찬 샘물 마시며"라고, 시인은 2천 년의 시간을 거슬러 올라 과거의 현장을 현재화하여 독자들

에게 보여주고 있다. 시인의 이런 상상의 시간여행은 역사를 현재의 상황으로 만들고 있다.

저녁노을과 개밥바라기별이/ 눈 껌뻑껌뻑하며 아쉬운 듯/ 또 만나자며 엇갈려 멀어질 때/ 서둘러 발꿈치 따라온 객산 골바람/ 처마 끝 풍경과 놀자고 보채는지/ 좋으면서 귀찮다고 한 소리 한다/ 곁에 앉은 마애약사여래 살며시/ 착한 미소 건네며 왼쪽 가리켜/ 목마름 달래고 지친 발 쉬라 한다// 이천년 전에도 그랬을 것이다/ 온조대왕 위례성에 터 잡고/ 검단산에서 하늘에 제사지내려/ 오고 갈 때 맑고 찬 샘물 마시며/ 나라 똑바로 다스리는 큰 길/ 새기고 새겼을 것이다// 목숨 붙은 것은 모두 왔다가 가도/ 생명 없을 것 같은 바위 그대로 남아/ 목숨 돋아주는 생명수 콸콸 뿜어낸다 ─「온조대왕 샘」전문

5장 〈신信 중中 림臨〉에서 주목되는 시「한강방어총사령부」는 시인의 사실적인 탐사의 기록이 신라 문무왕 때의 웅혼한 기상과 건축기술을 독자들에게 드러내어 남한산성을 병자호란의 치욕이라는 사고의 틀에서 벗어나게 한다. 그리고 남한산성은 신라인이 쌓은 주장성으로, 20만 당군唐軍을 지켜낸 한강방어총사령부였다는 사실史實을 강조하여 독자들의 마음을 자랑스럽게 열게 한다.

그대 아시는가/ 남한산성 행궁 안에/ 신라 문무왕 때 지은 건물 터/ 길이 53.5m, 너비 18m나 되는/ 엄청나게 큰 건물 있었던 자취/ 천삼백 년 땅 속에 살아 있었다는 것 // 그대 가늠되시는가/ 그 건물

에 쓴 암키와/ 길이 63cm 무게 20kg으로/ 조선 기와 4kg보다 5배나 크다는 것/ 그 기와에 천주天柱 글씨 새겨져 있고/ 그 건물 판축공법 벽 2m나 된다는 것// 그대 상상하시는가/ 신라인 이곳에 25m 높이 주장성 쌓아/ 밤보다 낮 길어 먹거리 풍부한 이곳에/ 한강방어총사령부 강건하게 창설하여/ 한 머리 먹으려는 20만 당 군대 맞서/ 단 한 발짝도 내주지 않았다는 사실// 해마다 청량산 찾으시는 삼백만 그대/ 찾아보시는가 이 잊힌 역사의 진실을/ 들으시는가 빛 찾으려는 땅속 외침을/ 느끼시는가 한 풀어 달라는 아우성을/ 그대 아시는가 남한산성 품은 비밀을 —「한강방어총사령부」 전문

3

 필자는 덕산 홍찬선의 시집 『꿈—남한산성 100처處 100시詩』가 펼쳐내는 남한산성에 관한 시편들을 읽고 '100편의 시가 펼치는 남한산성의 역사와 풍광의 파노라마'라는 주제로 14편의 시를 선정하여 감상을 하면서 개인적인 관점에서 선정된 시에 대한 견해를 서술하였다. 그리고 지나간 역사의 현장을 열정과 젊은 감수성으로 탐사하고 그 탐사기探査記를 100처處 100편의 시로 엮어낸 홍찬선 시인의 시적 성과는 시의 영역에서 벗어나 더 높이 평가되리라고 생각하였다. 그것은 2014년 유네스코 세계문화 유산으로 지정된 남한산성은 한국인만이 아닌 세계인들의 문화유산이 되었기 때문이다. 필자는 홍찬선 시인의 열정이 한 민족의 발원지를 찾아서 한

반도를 벗어난 중앙아시아의 초원지대로 뻗어나가 더 큰 시를 보여줄 것을 기대하며 평설을 줄인다. ●

see in 시인특선 049

총찬선 제7시집
꿈-남한산성 100處 100시詩

제1쇄 인쇄 2020. 6. 20
제1쇄 발행 2020. 6. 25

지은이 홍찬선
펴낸이 서정환
엮은이 민윤기
펴낸곳 문화발전소
서울시 종로구 삼일대로 32길 36 운현신화타워 305호
see편집국 : 서울시 종로구 종로 1가 르메이에르 종로타운 1031호
Tel 02-742-5217 Fax 02-742-5218

ISBN 979-11-87324-61-4 04810
ISBN 979-11-953101-1-1 (세트)

이 도서의 국립중앙도서관 출판예정도서목록(CIP)은
서지정보유통지원시스템 홈페이지(http://seoji.nl.go.kr)와
국가자료종합목록 구축시스템(http://kolis-net.nl.go.kr)에서
이용하실 수 있습니다. (CIP제어번호 : CIP2020022875)

값 12,000원

ⓒ 2020 홍찬선
PRINTED IN KOREA

*저자와의 협약에 따라 인지는 생략합니다.
*파본 및 제본이 잘못된 책은 구입서점에서 교환하여 드립니다.
*이 책은 저작권법에 의하여 보호받는 저작물이므로
 이 책의 전부 또는 일부를 재사용하려면
 반드시 문화발전소와 저자의 허락을 받아야 합니다.